시선은
권력이다

메타버스 시대에도

시선은
권력이다

박정자

기파랑

유리집을 꿈꾸는 불면증의 군주

눈이 지배하는 세상

현대는 이미지가 지배하는 세상이라고 한다. '이미지'라고 말하면 어려워지지만 쉽게 말하면 '그림'이다. 문자가 아니라 그림이 우세하고, 활자가 아니라 TV 화면과 영화 스크린이 더 큰 힘을 발휘하는 시대이다. 우리의 시선을 사로잡는 대상은 영화, TV, 미술, 디자인, 건축물 등 온통 시각적인 것이다. 요즘에는 TV 화면과 영화 스크린을 넘어서서 액정화면의 약진이 두드러진다. 모바일 선거처럼 액정화면이 중요한 선거 도구로까지 승격하는 판이다. 한마디로 눈이 지배하는 세상이다.

시선은 시대에 따라 변한다. 그러므로 시각은 개인적인 것이 아니라 주요한 사회문화적 현상이다. 고대 그리스에서 플라톤은 조화와 질서를 보여주는 최고의 이상으로서 우주를 바라보았기 때문에, 우주를 해석하고 닮기 위한 방식으로서의 미메시스(모방)를 모든 예술의 원리로 삼았다.

르네상스 시대에는 원근법이 발명되어 사물이 부동의 것으로 고착되었다. 원근법에서 소실점(消失點)의 지점에 있는 대상은 실제로는 우리의 시선에 따라 얼마든지 유동적인데도 그림 안에서는 견고한 사물로 고정된 채 그려지기 때문이다. 원근법적 사고가 지배하는 르네상스 시대에 인간과 세계와의 관계가 거리두기와 대상화로 규정된 것은 너무나 당연한 이야기이다. 이와 같은 공간적 거리와 대상화의 방식이 19세기말까지 서구 사회를 지배해 온 표상의 방식이었다.

사이버 시대로 진입한 현대 사회에서 물질세계는 더 이상 원근법적 세계의 견고성을 갖지 못한다. 연산(演算, algorithm) 작용에 의해 이미지의 무한한 확장 변형이 가능하고, 포토샵과 같은 프로그램으로 얼굴 사진도 얼마든지 수정할 수 있으며, 이미지의 경계선이 무한히 미끄러져 온갖 형태의 합성사진이 가능한 시대다. 이제 이미지는 무질서하고 불안정하고 우연적이고 불확실할 뿐만 아니라 가짜(simulation)이기까지 하다. 새로운 바로크 시대라 규정될 정도로 무질서하고 혼란스러우며, 가상이 지배하는 현대의 사회상은 그 근원에 이처럼 사물을 바라보는 시각의 전환이 있는 것이다.

시선은 타자와의 관계이고, 나와 세계를 맺어주는 기본적인 매체이다. 따라서 시선이 인간관계의 기본인 권력관계와 밀접한 관계를 갖는 것은 당연하다. 현대 사회에서는 모든 분야에서 시각의 중요성이 절대적이지만 그 중에서 나는 권력의 부분만을 떼어내 살펴보았다.

토마스 홉스의 한 구절

나는 미셸 푸코(Michel Foucault, 1926-1984)에 관심을 가지고 30여 년간 '시선'이라는 주제를 매만져왔는데, 이것은 베르나르-앙리 레비(Bernard-Henri Lévy)의 《인간의 얼굴을 한 야만(La Barbarie à visage humain)》(1978)을 번역할 때부터였다. 내 눈길을 사로잡은 것은 레비가 1977년에 일본 잡지 〈우미(海)〉와 가진 회견에서 인용한 "군주는 늘 불면증이며 유리집을 꿈꾸고 있다"라는 토마스 홉스(Thomas Hobbes, 1588-1679)의 한 구절이었다. 권력과 감시의 관계를 탁월하게 짚어낸 이 은유가 나를 권력과 시선의 문제로 경도하게 만들었다. 그리고 푸코가 그 대표적인 철학자라는 것을 알게 되었다.

당시 갓 30살이 된 베르나르-앙리 레비는 자신이 푸코에게서 '교육자'를 발견하기를 두려워하지 않는 세대이며, 푸코는 자신에게 '읽기'를, 즉 독법(讀法)을 교정시켜 주었다고 실토했다. 당시 프랑스의 젊은이들을 사로잡은 철학자는 과연 어떤 사람인가? 푸코에 대한 나의 관심은 이렇게 시작되었다.

가시성의 역전

도시의 광장에서 공개적으로 죄수를 처형하는 방식이 19세기 초부터 교정과 교화를 위한 감금으로 바뀌었듯, 근대 권력은 중세 봉건시대의 떠들썩한 과시에서 벗어나 은밀하고 조용한 방식으로 바뀌었다. 이것을 시선의 관점에서 세밀하게 파고 든 푸코의 《감시와 처벌 (Surveiller et punir)》(1975)은 과연 우리의 상식을 뒤엎는 전복적 사유의 전형이라 할만 했다.

모든 것은 시선의 비대칭 속에 있었다. 왕조시대에는 만인이 한 사람을 주시했다. 사열식에서 수만 명의 병사는 왕 한 사람만을 바라보았다. 구경꾼들에 둘러싸여 공개로 진행되는 신체형은 군주의 권력 행사 방식이었으므로 그것 역시 만인이 권력자 한 사람을 보는 것이었다. 그러나 감옥에서는 간수 한 사람이 수많은 죄수를 감시한다. 한 사람이 만인을 보는 것, 이것이 근대 이후 권력 행사의 특징이다.

한 사람이 만인을 보기 위해서는 시선의 효율적인 배분이 필수적이다. 그것이 바로 감시였다. 잘 감시하기 위한 방법의 진화와 발전이 근대 이후 우리 역사의 한 단면이라고도 할 수 있겠다.

벤담의 판옵티콘

시선의 비대칭성을 가장 잘 구현한 것은 영국의 공리주의 철학자 제레미 벤담(Jeremy Bentham, 1748-1832)의 판옵티콘(Panopticon)이다. 한 눈에 전체를 다 볼 수 있다는 의미의 판옵티콘은 벤담이 1791년에 설계한 감옥이다. 실제로 지어지지는 않았지만 칸칸이 독방으로 나뉜 원형의 건물 한 가운데 감시 망루가 들어서게 설계된 이 건축물은 간수가 자신은 보이지 않으면서 죄수들을 감시할 수 있는 탁월한 구조로 되어 있다.

푸코는 이 미완의 건물 안에 근대 권력의 모든 특징이 다 들어 있다고 생각한다. 개인화(個人化)와 기록의 중요성, 그리고 규율의 중요성이다. 여기서 규율권력, 앎-권력, 미시권력이라는 푸코 특유의 권력개념들이 생겨났다. 이러한 개념들은 벤담의 시대에만 유효한 것이 아니라 현대 사회에서도, 아니 현대 사회에서 더욱 더 유효하다. 정보 기술의 발달과 함께 감시의 기술이 상상하기 어려울 정도로 발전했다는 점만이 다를 뿐이다.

유리집을 꿈꾸는 불면증 환자였던 홉스 시대의 군주는 여전히 왕성한 호기심으로 온 세상을 내려다보고 있다. 누가 어느 백화점에서 어떤 물건을 얼마나 사는지, 누가 어느 은행에서 돈을 얼마나 저축하고 얼마나 꺼내 쓰는지, 누가 어느 서점에서 어떤 종류의 책을 얼마큼 사는지, 그리고 누가 누구와 얼마나 자주 통화를 하는지 군주의 호기심은 끝이 없다. 그의 유리집도 아담한 집 한 채가 아니라 지구만큼 거대하게 확대되었고, 시선 반경도 지구만큼 광활하게 확장되었다. 현대의 군주에게 시선은 공간도 시간도 제한이 없다. 그래서 거대한 유리집 안의 군주는 감시하느라 잠을 설칠 필요도 없다. 언제고 마음 내킬 때, 저장된 파일을 열어 보기만 하면 된다.

그러면 이 군주, 이 권력은 도대체 누구인가? 국가 권력인 것은 분명하지만 그것만이 전부는 아니다. 익명의 권력, 그것은 바로 우리 이웃이나 우리 자신일 수도 있다는 것에 우리 시대의 미스터리가 있다.

권력개념의 기초로서의 헤겔과 사르트르

푸코에게서 바라보는 자는 권력자이고, 바라보이는 자는 권력에 예속된 자이다. 왜 그럴까? 우리의 의식은 상대방을 의식할 때 우선 그것을 대상으로 생각한다. 다시 말하면 물건으로 생각한다. 바라보이는 자가 기분이 나빠지는 것은 당연하다. 자신도 엄연히 사람이고 주체인데 상대방이 자기를 한갓 나무토막 같은 물건으로 보기 때문이다. 그 순간 그는 이미 상대방에게 예속된다. 상대방은 사람이고 자신은 물건이기에.

푸코도 무수하게 권력이라는 말을 쓰고 우리도 항상 권력을 말하지만 그것은 정치적 의미의 지배-피지배 관계만은 아니다. 제도적 권력관계이기도 하면서 동시에 그것은 사적 개인들 사이의 인간관계이기도 하다. 그럴 때 권력은 정치적 사회적이라기보다는 다분히 심리적인 문제이다. 권력 있고 돈 많아 한 사회의 주류를 형성하고 있는 사람들의 오만한 표정 앞에서 주눅 드는 힘없고 보잘 것 없는 사람들의 쓸쓸함과 분노 같은 것이다.

푸코가 권력을 말할 때도 이 두 개념은 혼재되어 있다. 그런 점에서 푸코의 권력관계는 사르트르의 대타관계에 물줄기를 대고 있으며, 사르트르의 대타관계는 헤겔의 인정투쟁에 빚지고 있다. 헤겔과 사르트르의 이러한 대타(對他) 존재론을 모르고는 왜 '바라봄'이 권력이고 '바라보임'이 예속인지 이해하기 쉽지 않다. 푸코의 시선과 권력의 문제를 짚어보기 전에 헤겔과 사르트르의 이론을 먼저 소개한 이유이다.

푸코의 『성의 역사(Histoire de la sexualité)』 제1권 《앎에의 의지(La Volonté de Savoir)》(1976)를 《성은 억압되었는가?》(1979)라는 제목으로 번역한 이래 줄곧 권력의 문제, 시선의 문제가 나의 머리를 떠나지 않았었다. 번역 혹은 논문으로 푸코에 대한 단편적인 글을 쓰면서, 언제고 한 번 시선과 권력의 문제를 포괄적으로 정리해보고 싶다는 강한 욕망을 느꼈다. 이제 한 권의 책이 되어 나온 『시선은 권력이다』가 독자 여러분들에게 푸코의 권력론 그리고 현대 감시 체제에 대한 통찰을 제공하게 되기를 빈다.

2008년 1월
전자 감시 사회 부분에서 많은 아이디어와 정보를 준
아들 승환에게 고마움을 느끼며

메타버스 시대의 시선, 권력, 그리고 푸코

『시선은 권력이다』는 시선의 이야기이면서 또한 권력의 이야기다. 푸코 철학 입문서이기도 하다.

푸코는 시선에 대해 새로운 관점을 제시하면서 고전적 권력 이론을 완전히 뒤집어 놓아 60~70년대의 프랑스 철학계를 발칵 뒤집어 놓은 참신한 철학자였다. 하지만 하늘 아래 새로운 것은 하나도 없는 법. 푸코의 비대칭적 시선론은 이미 사르트르의 대타존재론에 나오는 이야기이고, 사르트르의 대타존재론은 또한 헤겔의 인정투쟁 혹은 주인과 노예의 변증법에 나오는 이야기다. 푸코의 이론을 소개하기 전에 필자가 우선 헤겔과 사르트르의 철학 이야기서부터 시작한 이유다.

푸코는 1984년에 타계 했으므로 권력의 감시 체제로서의 판옵티콘 이론은 사실상 디지털 이전 사회의 이야기다. 그러나 감시하는 시선이 생물학적 눈이냐 디지털 기기냐의 차이만 있을 뿐 권력과 시선의 관계는 전혀 달라진 것이 없다. 아니 디지털 시대의 감시가 더 철저하고 더 대규모적이고 더 가혹할 뿐이다. 그래서 현대 철학자들은 현대 사회를 전자 판옵티콘의 시대로 명명했다.

필자가 『시선은 권력이다』를 쓴 2008년 만 해도 전자 판옵티콘은 고작해야 휴대폰이나 전자 사원증 정도였다. 14년이 지난 지금 세상은 천지개벽했다. 로봇이 심심찮게 눈에 띄고, 가상 인간이 모델 계를 석권할 기세고, 메타버스 시대를 눈앞에 두고 있다. 사람들은 이제 꼼짝 않고 집에만 있으면서 가상현실 속을 거닐게 될 날이 멀지 않은 듯하다.

『시선은 권력이다』의 수정 증보판은 로봇, 가상인간, 메타버스의 현재 상황을 꼼꼼하게 체크하여 보완하였다. 이름하여 『메타버스 시대에도 - 시선은 권력이다』

나의 책들은 언제나 살아있는 생명체처럼 진화하고 수정된다는 것에 자부심을 느낀다. 디지털 네이티브인 새로운 MZ 세대도 편안하게 숨 쉴 공간이 될 것이다. 새로 쓰기 보다 더 어렵고, 새로 편집하기 보다 더 어려운 수정 원고의 편집을 꼼꼼히 해준 박은혜 편집자에게 고마움을 표한다.

2022년 5월
박정자

차 례

서문 **유리집을 꿈꾸는 불면증의 군주**

눈이 지배하는 세상 **5**

토마스 홉스의 한 구절 **7**

가시성의 역전 **7**

벤담의 판옵티콘 **8**

권력개념의 기초로서의 헤겔과 사르트르 **10**

개정판 서문 **메타버스 시대의 시선, 권력, 그리고 푸코 12**

1 **문학 속의 눈**

에드가 앨런 포의《고자질하는 심장》 **21**

김영하의《퀴즈 쇼》 **26**

사르트르의《구토》 **27**

2 **타인은 지옥**

타인의 시선 **33**

잠시 전의 나를 무로 만드는 의식 **36**

스스로를 성찰하는 돌멩이는 없어 **37**

타인에게 있어서 나는 꽃병과 같은 사물 **39**

바라보임을 당할 때 생기는 것—수치심 **40**

사물로의 추락 **41**

사람과 사람 사이가 불편한 이유 **44**

눈이냐, 시선이냐 **45**

맹수처럼 싸우는 두 시선 **47**

이겼을 때가 곧 지는 순간 **48**

사랑의 불가능성 **49**

타인의 세계 속에 떨어진 것이 우리의 원죄 **51**

3 타인의 인정을 받기 위한 싸움

인정받고자 하는 욕망 **55**

최초의 주인과 노예 **59**

즐기는 자와 노동하는 자 **61**

공중에 떠 있는 인간 **63**

의식의 역전-영화 〈드라이빙 미스 데이지〉 **65**

성실한 노동이 없으면 영원한 노예근성 **68**

4 헤겔과 사르트르

노예는 주인의 참 모습 **73**

훈훈한 인정의 사회는 있는가? **75**

5 광기와 시선

광기가 웃음거리로 되어 간 역사 **81**

광인을 쇠사슬에서 풀어준 피넬 **83**

튜크의 '묵상의 집' **85**

족쇄로부터의 해방 **86**

시선과 공포 **87**

공포와 이성 **88**

광인의 언어 **90**

광인을 향한 시선 **91**

광인은 영원한 미성년자 **94**

프로이트, 의료 권력의 탄생 **96**

6 의학과 시선

회진하는 의사들 **101**

근대 임상의학의 탄생 **103**

'보는' 눈, '말하는' 눈 **105**

시선의 주권 **107**

'아는 눈', '지배하는 눈' **108**

시체를 해부하라 **109**

죽음과 시선 **112**

개인에게 관심을 갖기 시작한 의학 **115**

7 **권력의 시선, 시선의 권력**
잔혹한 이야기 **119**
몸을 경시하던 시대 **121**
처벌의 공포적 성격 **124**
재판관과 살인자의 역할 전도 **126**
폭동을 유발한 공개처형 **128**
처벌의 축제가 사라지다 **130**
공개형을 대체한 일과표 **131**
수도원과 감옥 **133**
근대 권력의 탄생 **135**
권력과 몸 **137**
최초의 로보트 오토마톤 **140**
《모래 사나이》 **141**
복종하는 신체 **150**

8 **나병과 페스트의 모델**
도시에서 추방된 나환자들 **159**
흑사병 — 죽음의 공포 **161**
통음난무의 꿈 **162**
지속적인 감시 모델로서의 페스트 **163**
푸코가 말하는 네거티브의 의미 **166**

9 **사람 사이의 관계는 모두가 권력관계**
사람 셋만 모이면 권력관계가 형성된다 **171**
아는 것이 힘이다, 아는 것이 권력이다 **173**

10 **공간과 권력**
모든 건축은 정치적이다 **181**
병영과 대학 연구실 **182**
교실의 배치는 살아 있는 일람표 **184**
대상을 알고자 하는 권력의 욕구 — 시험 **187**
개인을 통제하는 수단이 된 기록 **189**

11 판옵티콘

빛과 권력 **195**

판옵티콘 이전의 판옵티콘 **197**

최대다수의 최대행복 **200**

판옵티콘의 원리 ― 시선의 비대칭성 **205**

12 무서운 세상 ― 전자 판옵티콘의 시대

〈악마는 프라다를 입는다〉의 경우 **215**

전자 판옵티콘 **217**

정보는 시선이다 **221**

감시하는 사람도 감시당하는 세상 **223**

소비자를 감시하는 기업 **224**

전자 관음증 **226**

권력의 감시에서 보통사람들의 감시로 **229**

권력 있는 사람에게만 보호되는 프라이버시 **232**

베이징 동계올림픽을 누빈 로봇들 **234**

가상인간 **237**

딥페이크 **238**

메타버스 **239**

소설 《스노 크래시》와 영화 〈레디 플레이어 원〉 **242**

메타버스와 엔터테인먼트 **243**

사회 경제 활동도 메타버스에서 **246**

MZ세대의 패션과 메타버스 **250**

빅테크 기업들의 메타버스 전쟁 **251**

성희롱에 무방비 노출 **255**

감시에 대한 두려움 **256**

써로게이트 **258**

플라톤적 성찰의 부활 **259**

13   눈 이야기

오이디푸스에서 바타이유에 이르기까지   **265**

실명, 거세의 낮은 단계   **270**

로봇 산업에 적용된 '섬뜩함'   **273**

신의 눈은 언제나 외눈   **275**

14   시각이 지배하는 세상

시각의 특권적 지위   **279**

'너의 아버지는 너를 비밀리에 본다'   **280**

시선과 페미니즘   **282**

현대 철학에서의 시선   **284**

가시성의 전도   **286**

1

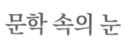

문학 속의 눈

에드가 앨런 포의 《고자질하는 심장》

흐리고 서늘하고 축축하고 어둡고 회색인 7월 장마 중의 어느 날, 누렇게 퇴색해 낙엽처럼 바스라지면서 낱장으로 흩어지는 에드거 앨런 포(1809-1849)의 포켓북 《Great Tales and Poems of Edgar Allan Poe》를 책꽂이에서 꺼내든다. 대학 몇 학년이었던가, 나는 꼼꼼하게 이 책을 독파하며 포의 문학세계에 푹 빠져 한여름을 꼬박 보낸 적이 있다. 그 여름의 그날도 오늘처럼 장마였던가?

어릴 때부터 익히 들어온 이야기였으므로 《검은 고양이》의 작가가 당연히 동시대인일 것이라고 생각했던 나는 포가 아직 역마차가 다니던 19세기 초의 인물이라는 것을 알고 조금 놀랐었다. 게다가 그로테스크한 탐정 소설, 추리소설의 작가일 뿐만 아니라 〈애너벨 리〉, 〈헬렌에게〉, 〈갈가마귀〉같은 아름답고 신비한 시를 남긴 시인이기도 하다는 것에 더욱 놀랐다. 그 여름 나는 〈갈가마귀〉의 후렴구인 네버모어(nevermore)를 한없이 읊조리며 천재의 광기 어린 슬픔과 우울 속을 헤매었다.

19세기 프랑스의 상징주의 시인 보들레르와 말라르메, 그리고 화가 마네 등이 포의 시 〈갈가마귀〉에서 많은 영향을 받았다. 보들레르는 '네버모어'의 불어 역어인 jamais plus를 자신의 시어로 차용했으며, 포의 문학비평문 《작시(作詩)의 철학(Philosophy of Composition)》을 《시의 기원(Genèse d'un poème)》이라는 제목으로 번역하기도 했다. 구조주의 정신분석학자 자크 라캉(Jacpues Lacan)이 언어와 무의식과 인간 주체에 관한 야심적 이론을 세우기 위해 포의 소설 《도난당한 편지(The Purloined Letter)》를 분석한 것은 유명한 일이다.(Ecrits, 1956)

음산하고 불길한 소설의 작가이며, 실제 삶도 알콜중독, 광기, 마약, 우울증, 신경증 등으로 점철되었던 포가 철저한 사전준비와 치밀한 구상을 통해 시를 씀으로써 이성의 극치를 보여주었다는 것은 놀라운 일이었다. 자신의 시 창작 과정을 완벽하게 재구성함으로써 시가 우연이나 직관의 영역이 아니라 정교한 논리적 정확성으로 구성된 미학적 산물이라는 것을 보여준 《작시의 철학》은 그 여름 나를 결정적으로 포에게 경도하도록 만들었다.

술에 취한 천재 시인이 종이에 몇 자 끼적여 놓으면 그대로 아름다운 시가 된다고 생각하던 시대에 '문학의 99%는 빨간 잉크의 수정과 시커멓게 지운 자국'이라는 것을 우리에게 보여준 그 정교함은 160년의 세월을 뛰어넘어 아직도 빛바래지 않은 현대성을 간직하고 있다.

우울한 몽상과 음산한 공포의 분위기, 또는 치밀한 분석과 면밀한 추리의 게임이 전개되는 흥미진진한 그의 소설들 가운데서 단 여섯 페이지짜리의 짧은 꽁트 《고자질하는 심장 (The Tell-Tale Heart)》(1843)은 뭔가 특이한 데가 있었다. 상대적으로 별 재

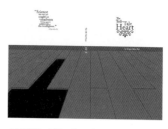

≪폭로하는 심장≫의 표지

미가 없으면서도 가느다란 램프 불빛처럼 뇌리에 남아 어쩐지 마음을 불편하게 해주던 소설이었다.

카뮈(Albert Camus, 1913-1960)의 소설 《이방인(L'Étranger)》(1942)의 주인공 뫼르소가 햇빛 때문에 살인을 했다면 이 소설의 주인공은 시선 때문에 살인을 한다. 막이 덮여 있는 희미한 푸른색의 눈이 자기 몸에 닿을 때마다 피가 얼어붙는 듯하여, 그 눈을 제거하기 위해 청년은 노인을 살해한다. 자신에게 한 번도 나쁘게 한 적이 없고, 모욕한 적도 없는데, 단지 그 눈을 참을 수 없어 살인까지 한다는 불가해한 이야기를 내가 이해할 수 있었던 것은 나중에 사르트르와 푸코를 읽고 시선의 무서움을 알고부터였다. 아무런 동기도 없이 오로지 시선 때문에 살인을 하는 이야기의 구성은 타인의 눈에 대한 원초적 공포를 탁월하게 드러내 보여준다. 《고자질하는 심장》을 요약하면 다음과 같다. 요약이라고는 하지만 이것이 거의 소설의 전부이다.

　　　　나는 그 노인을 좋아했다. 그는 내게 한 번도

나쁘게 한 적이 없다. 나를 모욕한 적도 없다. 그의 황금이 탐이 난 것도 아니다. 내 생각에 그것은 그의 눈 때문이다. 그래, 바로 그것이다! 그의 두 눈 중 하나는 독수리를 닮았다. 막(膜)으로 뒤덮인 흐릿한 푸른 색. 그 시선이 내 몸에 닿을 때마다 내 피는 얼어붙는 듯했다. 그 늙은이의 생명을 빼앗아 영원히 그 눈을 제거해버리고 싶다는 생각이 서서히 나를 사로잡았다.

매일 밤 12시 램프를 든 채 노인의 침실 문을 열고 머리를 들이밀어 아주 천천히 1시간쯤 걸려 침대로 갔다. 그리고 조심스럽게 랜턴을 켜 가느다란 불빛으로 독수리눈을 비추었다. 그러기를 7일, 그 동안 그의 눈은 언제나 감겨져 있었다. 따라서 내 계획은 실행에 옮겨지지 못했다. 왜냐하면 나를 화나게 하는 것은 노인이 아니고 바로 그의 사악한 눈이었으니까.

아침이면 과감하게 그 방에 들어가 친절한 목소리로 밤에 잠을 잘 잤느냐고 인사를 하기까지 한다. 8일째 되는 날 더 조심스럽게 문을 열었다. 그가 내 행동을 꿈에도 알지 못할 것이라는 생각에 나지막하게 쿡쿡 소리 내어 웃었다. 그 소리에 놀라 노인이 침대에서 몸을 뒤척였다. 랜턴을 켜는 소리에 노인이 일어나 "누구요?"라고 신음에 가까운 소리를 내었다. 극도의 공포에 질린 소리, 고통이나 슬픔이 아니라 공포에 질린 영혼의 밑바닥에서 울려오는 소리였다. 내가 너무나 잘 아는 소리. 매일 밤 내 가슴 깊숙한 곳에서 넘쳐 나오는 소리였다.

램프 심지를 천천히 조심스럽게 올리자 거미줄 같이 가는 불빛이 새어 나왔다. 그의 눈은 크게 떠 있었다. 그것을 바라보자 분노가 치솟았다. 막으로 덮여 있는 흐릿한 푸른색 눈은 끔찍하게 무서웠다. 얼굴의 다른 부분과 몸 전체는 보이지도 않았다. 단숨에 마치 본능처럼 정확하게 불빛을 눈 위로 비추었다.

　당신이 광기라고 생각하는 것은 감각의 지나친 민감성이다. 솜뭉치 속의 시계 소리처럼 낮고 빠른 소리가 희미하게 들렸다. 노인의 심장 박동 소리였다. 그것이 나의 분노를 더욱 고조시켰다. 마치 병사들의 용기를 북돋아 주는 북소리처럼 점점 더 빨라지고 커지는 소리와 함께 내 심장이 터질 것만 같았다. 더 미루면 이웃 사람이 들을지도 모른다는 불안감에 나는 램프를 환하게 밝히고 방으로 뛰어 들어 단숨에 그를 바닥으로 끌어내렸다. 그리고는 무거운 침대를 들어올려 그의 몸 위로 내동댕이쳤다.

　나는 만족하여 기쁜 웃음을 지었다. 나지막한 심장 박동 소리가 잠시 더 들렸지만, 마침내 상황은 끝나, 노인은 죽었다. 나는 침대를 다시 올리고 시체를 살펴보았다. 그는 돌이 되어 있었다. 돌처럼 죽었다. 이제 그의 눈은 더 이상 나를 괴롭히지 않을 것이다. 시체를 토막 내고, 마룻바닥의 널판 세 개를 뜯어내 그것들을 넣고, 다시 널을 제자리에 놓았다. 그 어떤 인간의 눈도, 그의 눈까지도 아무것도 알아볼 수 없게 조치했다. 씻어낼 필요조차 없었다. 그는 피도 흘리지 않았다.

　모든 것을 마치자 새벽 4시, 문에서 노크 소리가 들렸다. 가벼운 마음으로 나갔다. 이제 무엇을 두려워하랴? 경찰관 세 명이 밤에 비명 소리를 들었다는 이웃의 신고로 왔노라고 했다. 나는 그들을 안내했다. 비명은 내가 꿈을 꾸며 지른 소리이고, 노인은 여행을 떠났으며, 그의 금고는 안전하게 있다고 말했다. 의자를 가져와 그들에게 앉으라고 권하고, 나는 바로 시체가 있는 자리 위에 앉았다.

　경관들은 만족했다. 내 태도가 그들을 안심시켰다. 그러나 갑자기 나는 창백해지고 그들이 돌아가기를 속으로 간절히 바랬다. 머리가 아프고 귀에서 소리가 들렸다. 소리는 점점 더 분명하게 되어, 마침내 솜뭉치 속에서 재깍거리는 시계처럼 둔하고 흐릿한 소리가 되었다. 나는 더 쾌활하게 얘기하며 성큼 성큼 방 안을 걷고 의자를 들어 마룻바닥에 비비기도 했다. 그러나 소리는 점점 더 커졌다.

경관들은 그냥 재미있게 자기들끼리 얘기했다. 세상 모든 것이 이 고통보다 나을 것이다. 그들은 나를 조롱하는 것 같았다. 세상의 그 무엇도 이 조롱보다는 나았을 것이다. 나는 그들의 위선적인 미소를 더 이상 참을 수 없었다. 나는 비명을 질렀다.

"더 이상 모른 척 하지 마시오! 내가 했어요. 널을 떼어내 봐요! 여기! 여기! 이 소름 끼치는 심장 소리를 들어봐요!"

김영하의 《퀴즈 쇼》

포의 소설 주인공이 자기에게 전혀 모욕을 가하지 않았는데도 순전히 눈 때문에 노인의 시선에서 공포와 증오를 느꼈다면 김영하의 소설 《퀴즈 쇼》(2007)의 주인공은 편의점 주인이 자신을 완전히 무시하기 때문에 그 시선에 전율하고 증오한다. 고시원 쪽방에 살고 있는 백수 청년은 편의점에서 철야 아르바이트를 하던 중 다급한 행인 커플을 돕기 위해 금고에서 돈 4만 원을 꺼내주고 명함을 받는다. 알고 보니 그것은 완전히 사기였다. 금고와 연결된 경보장치 소리를 듣고 가게에 나온 점주는 한심하다는 듯 주인공 청년을 노려보며 야단을 친다. 그 시선에서 청년은 냉혹한 눈빛을 본다.

나는 말투보다 나를 바라보는 점주의 그 눈빛에서 충격을 받았다. 만약 당신이 한 인간을 서서히 파멸시키고 싶다면 그런 눈빛을 배워야 한다. 그것은 한 인간이 자기와 같은 인간이라는 것을 부정하는 눈빛이며, 앞으로 그가 더 나은 존재가 될 것을 절대로 믿지 않는 눈빛이며, 혹시 그런 존재가 되더라도 적어도 자신만큼은 절대로 인정하지 않을 것을 맹세하는 눈빛이다. 만약 그런 눈빛을 가진 부모 밑에서 자라는 아이가 있다면 그 삶은 구원받지 못할 것이다. 만약 그런 눈빛을 가진 교사 밑에서 배우는 아이라면 자신감이라는 감정을 영원히 이해하지 못하는 사람이 될 것이다. 그것은 경멸과는 또 다른 것이다. 그것은 경멸에 들어가는 에너지조차 아까워하는, 얕은 수준의 감정이었다. 그것은 사람을 깔보고, 무시하고, 마치 없는 것처럼 여기고, 필요하면 자기 마음대로 조종할 수 있다고 믿을 때나 생겨나는 종류의 감정일 것이다.

사르트르의 《구토》

사르트르의 소설 《구토(La Nausée)》(1938)에서도 눈 이야기는 중요한 모티브이다. 주인공 로깡땡은 어느 날 부빌 시 시립 박물관에서 이 도시에 공헌한 저명인사들의 초상화를 관람한다.

초상화의 인물들은 모두 훌륭한 가문의 인사들이고, 더할 수 없이 아름답다. 특히 장 빠로땡의 초상화가 그의 눈길을 끈다. 머리를 약간 뒤로 젖히고, 장갑을 낀 손은 진주 빛 회색 바지 옆으로 내려져 있으며, 머리에는 실크햇을 썼다. 흠잡을 데 하나 없고 천한 구석이라고는 없다. 작은 발, 부드러운 손, 당당한 넓은 어깨, 신중한 우아함, 그리고 약간의 환상적인 분위기와 주름살 없는 얼굴이 깨끗하기 그지없다. 보일 듯 말 듯한 미소가 그의 입가를 감돌고 있다. 그러나 그의 회색 눈은 웃지 않는다. 그의 시선은 뭔가 예사롭지 않다. 그 눈은 순수한 권리로 빛나고 있는 듯하다.

홀 안의 관람객 중에는 로깡땡 말고 두 사람의 부부가 더 있었다. 그들도 당당한 초상화들 앞에서 잔뜩 위축되어 걷다가 장 빠로땡의 시선과 마주친다. 부인은 감탄하며 입을 벌렸고 남자는 괜히 쩔쩔매며 공손한 태도를 취한다. "우리는 이 거대한 홀에서 훈련 받는 세 명의 졸병과 같다. 나도 저들의 졸병이구나!"라고 로깡땡은 혼잣말을 한다.

로깡땡은 초상화의 인물 속에서 어떤 흠을 찾아내려던 생각을 포기하고 돌아선다. 그런데 이상하게도 초상화가 그를 놓아주지 않는다. 자기의 생각은 전혀 이 인물에게 전달되거나 타격을 가하지 않는데 그림 속 인물의 시선은 자신의 가슴을 찌르고 마침내 자신의 존재의 권리마저 문제로 삼고 있는 듯했기 때문이다.

로깡땡은 직업도, 가족도, 친구도 없을 뿐만 아니라, 현실에 뿌리를 둔 아무런 구체적 생활이 없는 젊은이다. 다른 사람들은 모두 집에서는 남편이며 아버지이고 직장에서는 어떤 부서의 장으로 당당하게 살고 있는데 그의 삶은 마치 돌이나 풀 또는 미생물 같기만 하다. 그에게는 아무런 권리가 없다. 하찮은 풀이나 돌이 이 세상에 존재해야 할 아무런 필연적인 이유가 없는 것처럼 그의 삶도 아무런 존재 이유 없이 우연히 이 세상에 나와 무기력하게 살아가고 있다. 한 마디로 그에게는 삶에 대한 자신감이 없다.

그런데 아름답고 냉혹한 초상화 속 인물의 회색 눈이 갑자기 그에게 이 엄연한 사실을 깨우쳐 준 것이다. 아마도 이 초상화 속 인물은 로깡땡과는 전혀 다른 인생을 살았을 것이다. 평생 한 번도 자신이 과연 당당하게 살 권리가 있는지, 남의 존경과 복종을 받을 권리가 있는지, 사치와 안락을 누릴 권리가 있는지를 의심하지 않았을 것이다. 손톱만큼의 흠도 없는 60년의 일생 중 그는 그저 당당하게 자신의 권리를 행사했을 것이다.

평생 타인들의 고통 같은 것에는 관심을 가질 필요도 없었을 것이다. 한 번의 실수도 없이 절도 있게 살았을 것이며, 과도한 쾌락에 몸을 내맡기는 일도 없었을 것이다. 장엄한 서재에서 균형 있고 절제 있는 독서를 통해 세련된 교양을 키웠을 것이며, 매일 밤 가벼운 독서 끝에 자신의 권리와 의무에 스스로 만족하며 기분 좋게 수면에 빠져들었을 것이다. 그의 초상화를 보며 로깡땡은 이 인물이 누렸을 지엄한 '순수 권리'를 떠올렸다.

초상화 속 저명인사의 우아한 삶을 냉소적인 어조로 유추하고 있는 이 장면에서 시선은 오만한 부르주아의 모습을 비판하기 위해 사용된 철학적 모티브이다. 마치 머리카락이 뱀으로 되어 있는 희랍 신화의 메두사처럼 차갑고 냉정한 시선 하나로 그들은 앞에 있는 사람을 돌처럼 얼어붙게 한다. 비수 같은 시선 앞에서 가진 것 없는 사회의 약자는 갑자기 자신의 초라한 모습을 자각하고, "내가 과연 살 가치가 있는 인간인가?"라는 부끄러움을 느낀다. 가장 기본적인 존재의 권리마저 흔들리는 것이다.

평생 부르주아 비판을 사상의 기조로 삼았던 사르트르는 여기서 시선이라는 문제를 통해 부르주아의 폭력성을 고발하고 있다.

로깡땡이 초상화에서 만난 것은 타자의 시선이다. 타자의 시선 앞에서 그는 대상이 되었다. 타자와의 만남은 내가 대상이 되거나 아니면 그가 대상이 되는, 시선끼리의 싸움이다. 로깡땡은 초상화 속 인물과 시선의 싸움을 벌인다. 초상화의 냉혹한 눈이 그에게 이제 그만 사라지라는 신호를 하지만 그는 떠나지 않고, 초상화의 얼굴에 정면으로 자신의 시선을 꽂는다. 빠로땡은 강하게 저항한다. 그러나 로깡땡이 계속해서 강한 눈길을 보내자 초상화의 시선에서는 서서히 광채가 사라지고 창백한 찌꺼기만 남는다. 그리고는 마침내 장님 같은 눈과 죽은 뱀같이 얇은 입과 뺨만이 남는다.

2

타인은 지옥

엘리베이터에 모르는 사람과 함께 타면 우리는 괜히 쑥스럽고 어색하여

시선을 어디에 둘지 몰라 한다. 왜 그럴까?

인간은 각자 자기 안에 의식을 지닌 대자(對自) 존재이기 때문이다.

타인의 시선

로깡땡이 수치심을 느낀 것은 타자의 냉혹한 시선 앞에서였다. 사르트르의 문학 작품에서 강박적으로 많이 나오는 단어 중의 하나가 수치심이다. 그의 주인공들은 남의 시선을 참을 수 없어 한다. 누군가 자기를 바라보고 있는 것은 그들을 안절부절못하게 만들고 한없이 수치스럽게 만든다. 포스트구조주의 정신분석학자 라캉(Jacques Lacan, 1901-1981)은 수치에 론(論)을 붙인 신조어로 '사르트르의 존재론은 곧 수치론(羞恥論)'이라고까지 말한 적이 있다. 프랑스어에서 존재론(ontologie)과 수치론(hontologie)은 발음이 똑같기 때문이다.

수치심은 근원적으로 타자와의 관계에서 발생한다. 더 정확히 말하면 우리가 수치를 느끼는 것은 타자의 시선 속에서이다. 혼자 마음속으로 수치를 느꼈다 해도 그것은 타인의 시선을 가상적으로 상정하고

서이다. 사르트르의 《존재와 무(L' Être et le néant)》(1943)에 나오는, 열쇠구멍을 통해 남의 방을 들여다보는 남자의 이야기는 수치의 존재론에 대한 탁월한 예시이다.

나는 열쇠구멍을 통해 어느 방을 몰래 들여다보고 있다. 나는 단지 그 방에서 전개되고 있는 것만을 지각할 뿐, 나 자신을 의식하지 못한다. 나는 주체(sujet, subject)이고, 방안의 장면은 대상(objet, object)이다. 나는 방안을 바라보는 주체로서만 존재할 뿐, 나 자신을 대상으로 삼지는 않는다. 나는 세계의 중심이고, 물론 수치심도 없다.

그런데 갑자기 발소리와 함께 누군가 가까이 온다. 누가 나를 바라보고 있다는 것을 느끼는 순간 나는 내 행동이 상스럽다는 사실을 깨닫고 부끄러워진다. 이때까지 자신이 어떤 모습을 하고 있는지 생각조차 하지 않았는데, 타인의 시선이 닿자마자 나는 열쇠구멍에 눈을 대고 구부정하게 숙이고 있는 추악한 내 모습을 인식한다. 혼자 있을 때 자신을 의식하지 않던 나는 타인의 존재가 나타나자마자 나를 대상(오브제)으로 의식하고, 나의 행동을 수치스러운 것으로 파악한다.

타자는 이처럼 나와 나 자신을 연결하는 필요불가결의 매개자이다. 나는 남에게 나의 부끄러운 모습을 보였을 때만 나 자신을 부끄러워한다. 남의 시선이 없다면 인간에게 수치심은 없다. 단순히 수치심만이 아니라 존재의 기초 자체가 자기 안에 있는 것이 아니라 외부에 있다고까지 우리는 유추해 볼 수 있다.

그렇다면 타인의 시선은 왜 나를 부끄럽게 만드는 것일까? 그 철학적인 근거는 무엇인가?

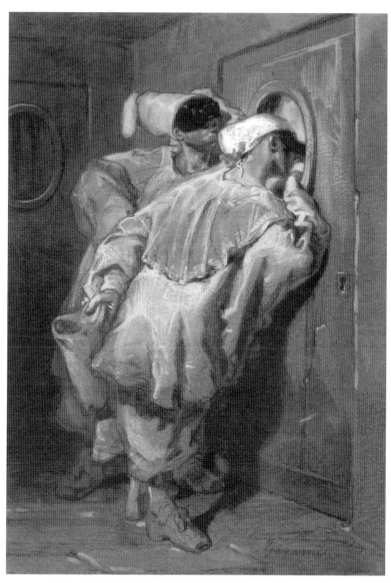

가바르니, 〈분장실을 들여다 보고 있는 두 명의 피에로〉, 루브르박물관.
Gavarni, Deux Pierrot regardant dans un loge.

잠시 전의 나를 무로 만드는 의식

인간이 왜 오로지 타인의 시선 속에서만 수치심을 느끼는가 하는 문제는 인간의 의식을 지향성으로 파악한 현상학적 존재론 속에서 그 설명을 찾을 수 있다.

우리의 의식은 대상 없이 자체적으로 존재하는 것이 아니라 언제나 어떤 대상 앞에서만 스스로 형성되는 그런 존재이다. 처음에는 투명하여 아무것도 없고, 아무것도 아닌 무(無)의 상태이다가 앞에 어떤 대상이 나타나면 그 순간에 작동을 시작하는 존재, 그것이 바로 의식이다.

그러므로 의식은 항상 '그 무엇인가에 대한 의식'이다. 이것이 후설 (Edmund Husserl, 1859-1938) 현상학의 기본 원리인 지향성(指向性)의 원리이다. 사르트르의 실존주의 철학도 여기에 기초해 있다. 향일성(向日性) 식물이 언제나 해가 있는 쪽으로 줄기의 방향을 돌리듯, 의식도 언제나 대상을 향해 나아간다. 이것이 의식의 지향성이다.

의식은 일단 자기 앞에 대상이 나타나면 즉각 자기에게서 빠져나와 대상을 향해 달려간다. 자기 자신으로부터 빠져나온다는 의미에서 초월적 운동이라고 한다. 예컨대 창밖의 나무가 눈에 들어오면 우리의 의식은 자기 자신에서 빠져나와 창밖 저 멀리 나무에게로 간다. 의식이 자기에게서 빠져나와 나무까지 가는 그 과정이 의식의 초월성이다.

초월성이란 신학에서는 신의 존재를 뜻하고, 일상 언어에서는 어떤 욕심이나 감정에서 벗어났다는 것을 의미하며, 고전 철학에서는 경험적 주체가 도달할 수 없는 존재의 상위영역을 뜻한다. 그러나 현상학에서 초월이란 대상을 향한 의식의 작용이다. 초월은 의식과 그 대상

사이의 거리이며, 의식과 의식 아닌 것 사이의 관계이다. 창밖의 나무를 의식할 때 우리의 의식은 자신을 초월하여 대상인 나무쪽으로 향해 간다.

　자기에게서 몸을 빼낸다는 것은 매번 바로 직전의 자기를 부정한다는 의미이므로 사르트르는 이것을 '무화'라고 한다. 바로 앞의 자신을 매 순간 무(無)로 만들고 앞으로 나아간다는 의미이다. 사르트르의 실존철학에서 초월성은 무화와 동의어이고, 의식을 지칭하는 것이며, 결국 자유의 다른 이름이다.

스스로를 성찰하는 돌멩이는 없어

　대상을 향해 초월적 운동을 하는 우리의 의식은 외부의 대상만을 상대하는 것이 아니라 자기 스스로를 의식의 앞에 두고 성찰할 수도 있다. '자기와 대면한다'는 의미에서 이것을 대자(對自) 존재라고 부른다. 나무나 돌멩이 같이 초월성도 없고 자기와 대면하는 능력도 없으며 그저 자기 자신으로 자족해 있는 상태의 사물들은 '자기 자신에 머물러 있다'라 는 의미에서 즉자(即自) 존재라고 부른다.

　대자존재인 의식은 자기와 자기가 이중으로 분리되어 스스로를 성찰할 수 있지만, 속과 겉이 동일하게 단단하여 한 덩어리를 이루고 있는 즉자존재는 대상을 의식할 수도 없고 자기 자신을 성찰할 수도 없다. 스스로를 성찰하는 돌멩이는 이 세상에 없지 않은가.

　자기와 자기가 이중으로 분리되어 있다는 것은 그 사이에 가느다란 틈새가 있다는 뜻이다. 틈새란 아무것도 없는 빈 공간이므로 무(無)이다. 대자는 속에 무(無)를 품고 있는 존재양식이다. 이 '무'가 다름 아닌 의식이다. 의식은 자체적으로 존재하는 것이 아니고 원래 아무것도 아니었는데 앞에 대상이 생기면 그 때에야 존재하는 것이기 때문이다. 그러므로 사르트르에게서 인간의 의식은 '무'이며, 인간은 속에 '무'를 품고 있는 존재이다. 하이데거(Martin Heidegger, 1889-1976)는 이것을 '벌레 먹은 사과'로 비유했었다.

의식이 초월적 운동을 할 수 있는 것은 바로 이 '무' 덕분이다. 속이 꽉 차 있고 빈 공간이 없는 곳에서는 내적 운동이 불가능하다. 장방형의 플라스틱 판 안에서 손톱만한 조각들을 움직여 글자나 숫자를 맞추는 퍼즐 게임을 생각해 보라. 거기에는 조각 한 개분의 빈 공간이 있다. 이 공간이 있기 때문에 우리는 조각들을 이리저리 움직여 글자를 맞출 수 있다. 대자존재가 대상을 향해 초월적 운동을 할 수 있는 것은 그것이 속에 '무'를 품고 있기 때문이다.

반면에 즉자존재는 마치 빈틈없이 조각들로 꽉 찬 퍼즐 판과도 같이 아무런 틈새가 없기 때문에 움직임 자체가 불가능하다. 돌멩이처럼 속에 아무런 공간 없이 단단하고 치밀하게 그 자체로 자족하고 있다. 모든 사물의 존재양식은 즉자적이다. 그러나 반드시 사람은 대자존재, 사물은 즉자존재라고 일방적으로 말할 수는 없다. 사람이라 하더라도 자기 성찰이나 고뇌 혹은 회의가 없는 인간을 우리는 '즉자적 존재'라고 말할 수 있을 것이다. 인간미가 없고 남에 대한 배려가 없는 사람을 보고 우리는 '차돌멩이처럼 단단한 인간'이라고 말하지 않는가.

타인에게 있어서 나는 꽃병과 같은 사물

의식은 자기 앞에 놓인 대상을 향해 초월적 운동을 하는데, 이때 대상은 '의식과는 성질이 다른 것', 즉 '의식이 아닌 어떤 것'이다. 나의 의식이 향해 가고 있는 창밖의 저 나무는 당연히 '나의 의식과는 성질이 다른 것'이고, '나의 의식이 아닌 것'이다.

우리의 의식 앞에 놓여 있는 것은 모두가 대상이다. 하나의 주체 앞에는 반드시 대상이 있다. 책상도 나무도 돌멩이도 모두가 대상이다. 그런데 프랑스어에서 혹은 영어에서 대상(objet, object)은 객체 또는 물체라는 말과 동의어이다. 따라서 '나'라는 주체의 앞에 놓여 있는 모든 대상은 객체이며 동시에 모두가 사물이다.

책상이나 나무 같은 사물이 의식의 대상이 되었을 때에는 대상이 곧 사물이라는 공식에 아무런 문제도 발생하지 않는다. 그러나 또 다른 주체인 인간이 의식의 대상이 되었을 때 문제는 그리 간단하지 않다. 하나의 의식 앞에 놓인 주체는, 그도 엄연히 자신의 속에 무를 포함하고 있는 대자적 존재이건만, 오로지 다른 의식의 대상이 되었다는 이유 하나만으로 나무나 돌멩이 같은 사물이 되고 말기 때문이다.

쉽게 말하면 남이 나를 볼 때 그는 나를 사람으로 보지 않고 우선 물건으로 본다는 이야기이다. 누군가 나를 바라볼 때 나는 물체가 된 듯한 느낌을 갖는다. 그의 시선은 절대 주체이고 나는 한갓 객체에 불과하다. 내가 내 주위의 사물들을 바라보듯이 나도 남의 시선에 의해 그렇게 사물처럼 바라보여진다는 것을 나는 안다. 타인에게 있어서 나는 책상이나 꽃병이나 찻잔과 다름없는 물질적 존재일 뿐이다.

바라보임을 당할 때 생기는 것—수치심

다른 사람의 눈에 내가 그저 사물로 보인다는 것, 그것이 바로 수치심의 철학적 근거이다. 우리가 타자의 시선 속에서 수치심을 느끼는 것은 그의 의식 앞에서 내가 대상, 즉 사물이 되었기 때문이다. 타자에게 있어서 나는 주체가 아니고 대상이다. 타인의 시선 앞에서 왠지 불편하거나 모욕감을 느끼는 이유는 내가 그의 대상이 되었기 때문이다.

내가 일방적으로 '그에게 바라보임을 당할' 때 나는 그의 의식의 대상이 되는데, 대상이 된다는 것은 주체인 타자가 나를 객체로 본다는 것을 뜻한다. 그것은 동시에 내가 물질성을 띠게 된다는 것을 의미한다. 나도 속에 의식을 품은 어엿한 인간이건만 그 인간성이 부정되고 한갓 물건으로 전락한 것이다. 대상이란 곧 물체이기 때문이다.

나는 내 자신에 대해 여러 가지 견해와 인식을 갖고 있다. 남들이 하찮게 보고 있지만 실은 뛰어난 장점도 갖고 있고, 지금은 편의점 아르바이트로 겨우 고시원 쪽방에서 살고 있지만 앞으로 얼마든지 인생에서 성공할 수 있는 미래의 가능성도 있다. 그런데 그 많은 견해와 인식들이 타인의 시선 앞에서 무용지물이 되고 마는 것이다. 타자의 시선은 나의 여러 가지 실존적 가능성 가운데 하나만을 대상으로 고착시킨다. 그것은 작가 김영하의 말마따나 '앞으로 내가 더 나은 존재가 될 것을 절대로 믿지 않는' 그런 시선이다.

남이 알고 있는 나의 모습이란 '과거에 그러했던 모습'도 아니고, '앞으로 그러하게 될' 모습도 아니다. 그저 '지금 현재의 모습'일 따름이다. 다시 말하면 시간성 속에서 무화 운동을 계속하는 자유로운 인간으로서의 대자존재가 아니라 마치 영화 속의 스톱 모션처럼 현재의 순간에 화석처럼 굳어진 즉자의 양식이다.

비록 하찮은 일이라도 뭔가 남몰래 은밀한 일을 하다가 들킬 때를 생각해 보면 나의 존재를 순간적으로 화석화시키는 타인의 시선을 쉽게 이해할 수 있을 것이다. 타인의 눈에 들키지만 않았으면 나는 그 행위의 처음부터 끝까지를 전혀 상세하게 기억하지 못한다. 그러나 남에게 들킨 그 순간 바로 그때의 내 자세는 마치 사진처럼 내 머리 속에 각인된다. 그 순간의 나의 모습은 그의 시선에 의해 석고상 같은 즉자존재가 된다.

사물로의 추락

가령 한 젊은이가 일자리를 부탁하기 위해 어느 직장의 실력자를 만났다고 치자. 그의 마음에 들는지 어쩔는지를 몰라 불안해하는 젊은이에게 이 실력자가 상대방을 꿰뚫어 보는 듯한 냉혹한 시선을 보냈다고 치자. 이때 젊은이는 갑자기 자신이 한없이 초라하고 후줄근하게 느껴진다. 자신은 잘 생기지도 않았고, 학벌도 시원치 않고, 집안이 좋은 것도 아니고, 실력도 변변치 않다. 상대방의 가혹한 시선은 자신의 이런 모든 객관적 사실을 잔인하게, 적나라하게 보여준다.

시선은 그저 단순한 눈길의 마주침이 아니다. 그것은 그 자체로 상대방에 대한 냉혹한 평가이다. 타인의 시선은 나에게 명령을 내리고, 나를 비판한다. 나를 꿰뚫어 보고 나를 나의 정확한 자리에 위치시키고, 나를 객관화한다. 막연히 자신을 사실 이상으로 높이 평가했던 나는 남의 차가운 시선 앞에서 여지없이 무너지며, 그것이 한갓 과대망상이었다는 것을 깨닫는다.

우리가 불쾌감, 모욕감을 느끼는 것은 반드시 남들이 우리를 부당하게 평가하거나 왜곡해서만이 아니다. 냉정한 객관성 그 자체가 우리를 수치스럽게 만든다. 왜냐하면 객관적인 평가란 현재의 나를 고착시켜, 나의 과거 혹은 미래가 그것을 보완할 여지를 아예 원천봉쇄하기 때문이다. 한 마디로 나를 대상, 즉 사물로 만들기 때문이다.

한 순간의 모습으로 고정되기 위해서는 타인의 시선만 있으면 된다. 의자에 앉아 있는 나의 모습이 조각품처럼 굳어지기 위해서는 남의 시선이 그것을 포착하기만 하면 된다. 직전의 자기 존재를 끊임없이 무화시키면서 자기 몸에서 자기를 빼내 부단히 앞으로 나아가는 대자의 탈자(脫自) 운동은 이제 더 이상 살아 움직이는 운동이 아니라 단단하게 굳은 즉자가 되는 것이다. 자신을 바라보는 사람을 모두 돌로 만들어 버리는 메두사처럼 타인의 시선은 우리를 돌로 만들어 버린다.

꼭 부끄러운 짓을 할 때가 아니더라도 누군가에 의해 빤히 바라보여질 때 우리는 수치심을 느끼는데 그것은 타인의 시선이 이처럼 우리를 객체, 사물로 전락시키기 때문이다. 수치심은 내가 남에 의해 바라보여지고 평가되는 대상이 되었다는 사실에 대한 자각이다. 나에게는 앞으로 무엇이든 될 수 있는 무한한 자유가 있는데, 그 자유가 나에게서 빠져나가 한갓 주어진 대상으로 굳어져, 물건이 되고 말았다는 것이 나는 못내 부끄러운 것이다.

순수한 수치심은 자기가 대상(물체)이 되었다는 것, 즉자존재로 전락했다는 것, 다시 말해 나의 존재를 남에게 의존해야만 한다는 사실에서 생긴다. 왜냐하면 주체가 대상으로 인정해 주지 않으면 대상의 존재는 없는 것이기 때문이다. 이처럼 자신의 존재가 자신의 밖에 있다는 것을 느낄 때, 그리해서 자신이 완전히 무방비 상태로 있다는 것을 느낄 때 우리는 수치심을 느낀다.

사르트르는 수치심을 기독교의 원죄에 비유한다. 프랑스어에서 원죄는 '원초적 죄'(péché originel)이기도 하지만 '원초적 추락'(chute originelle)이기도 하다. 아담과 이브가 죄를 짓고 하늘나라에서 지상으로 떨어진, 인류 최초의 추락이라는 의미이다. 그런데 우리의 수치심은 '우리가 세계 속에, 사물들의 한 가운데에 떨어져 사물이 되었기' 때문이다. 이것이 실존적 인간의 원죄이다. 아담과 이브가 신의 세계에서 추락하여 인간이 되었다면 실존적 인간은 인간의 세계로부터 추락하여 사물의 세계로 떨어진 것이다.

나체에 대한 수치심이야말로 대상성을 설명하는 가장 적합한 예이다. 옷을 입는다는 것은 자신의 물체성을 가리는 것인데, 벌거벗고 있을 때 우리는 우리의 물체성을 적나라하게 남의 눈 앞에 드러내고 있다. 타인의 시선 앞에서 나체는 무방비 상태의 대상성(물체)이다. 옷을 입고 있는 사람은, 자신은 남에게 보이지 않는 채 자신만이 남을 볼 권리를 갖고 있다. 다시 말하면 순수 주체가 되는 것이다. 아담과 이브가 최초의 죄를 저지른 후 '자신들이 벌거벗고 있다는 것을 알았다'는 성경 이야기는 옷의 이러한 기능을 상징적으로 보여준다.

사람과 사람 사이가 불편한 이유

빈 방에 놓여 있는 두 개의 돌멩이는 서로 아무런 불편도 느끼지 않는다. 그것들은 즉자존재이기 때문이다. 각기 스스로 닫힌 채 자기 존재만으로 만족하고 있을 뿐 내부에 다른 사물을 대상으로 삼는 의식이 없다. 두 개의 돌멩이는 그저 있는 그대로의 자기일 뿐 상호간에 아무런 삼투성이 없다. 나무나 돌 같은 즉자적 존재는 자기 아닌 다른 존재와 아무런 관계도 맺지 않는다. 인간은 자기 앞에 놓인 돌멩이를 의식의 대상으로 삼지만 하나의 돌멩이는 다른 돌멩이를 대상으로 삼을 수 없다.

빈 방에 사람과 돌멩이가 있을 때에도 아무런 문제가 없다. 의식의 상호성이 없으므로 사람은 편안한 마음으로 무심하게 돌멩이를 바라보기만 하면 된다. 돌멩이가 나를 바라보는 것도 아니고, 돌멩이가 나를 판단하는 것도 아니다. 돌멩이는 오로지 주체인 나의 대상일 뿐이다. 나는 의식을 가진 다른 인간에 의해서만 대상이 될 뿐 다른 대상(물체)에 의해서는 결코 대상이 되지 않는다. 하나의 대상은 다른 것을 대상으로 삼을 수 없다.

그러나 어떤 공간에 서로 모르는 두 사람이 함께 있게 되면 그들은 괜히 불안해져 시선을 어디에 둘지 몰라 당황해 하고, 상대방의 존재가 부담스러워 어쩔 줄 몰라 한다. 그 둘 모두가 초월적 의식을 가진 대자존재이기 때문이다. 그들의 존재는 서로 상대방에 스며드는 삼투성의 존재이다. 대자존재인 우리의 의식은 앞에 대상이 나타나면 잠시도 가만히 있지 못하고 초월적인 지향성의 운동을 한다. 다시 말

하면 자기 아닌 다른 존재와 부단히 관계를 맺는다. '관계를 맺는다'
는 것은 결국 관심, 배려와 함께 '신경이 쓰인다'는 이야기이다.

타자는 우선적으로 내게 위협적인 존재이다. 나는 보지 못하고 오
로지 보임을 당할 뿐일 때 더욱 그러하다. 그는 나를 죽음에 몰아넣
을 만한 위협이고 내 가능성을 죽이는 존재이다. 사람이 없는 숲속을
혼자 걸어가는데 뒤에서 나뭇가지가 바스락거리는 소리가 들렸다면
그것은 단순히 누군가 거기에 있다는 그런 태평스러운 의미가 아니
다. 그것은 내가 치명적인 공격의 대상이 되었다는 것, 상처 입을 육체
를 갖고 있다는 것, 도망칠 곳 없는 장소에서 완전히 무방비 상태로 있
다는 것을 의미한다.

눈이냐, 시선이냐

생물학적으로 말해 눈은 다른 몇 개의 신체기관과 마찬가지로 대상
을 지각하는 감각기관이다. 그 자체가 대상을 지각하는 기관일 뿐만 아
니라 우리가 그것을 지각 대상으로 삼을 수 있는 신체기관이기도 하다.

우리는 앞에 있는 사람의 눈이 검다, 푸르다 등으로 지각하고 판단
한다. 그러나 시선은 나의 지각의 대상이 아니다. 시선이란 생물학적
으로 말해 보면 두 개의 안구가 하나의 대상을 향해 초점을 맞추는
행위이다. 눈에서 나오는 것이지만 시선은 눈이라는 대상의 어떤 성
질 가운데 하나가 아니다.

일상생활 속에서 우리가 남의 눈을 바라보는 것은 안과의사가 환자
의 눈을 보듯 그렇게 눈의 생물학적 양태에 관심을 두는 것이 아니다.

다시 말하면 이 세상의 수많은 물건 중의 하나로서의 눈을 보는 것이 아니다. 우리가 타인의 눈을 바라보는 것은 시선과 시선의 마주침이다.

우리가 다른 물체를 바라볼 때는 지각이 곧 인식이었다. 접시 위의 사과를 바라보며 나는 사과의 색깔이 빨갛다는 것을 안다. 그런데 유독 시선에 대해서만 우리는 양자택일을 해야만 한다. 즉 시선에 관심을 두지 않고 두 눈의 생물학적 양태만을 바라볼 것인가, 아니면 그것을 가리고 있는 시선을 포착할 것인가를.

타자의 시선을 의식한다는 것은 타자의 눈을 지각할 수 없다는 것을 의미한다. 타인의 두 눈이 여전히 내 지각의 영역 안에 있지만 나는 그 눈이 아름다운지 미운지, 그 색깔이 무엇인지 전혀 알 수 없다. 시선이 그의 두 눈을 덮어 가리고 있기 때문이다. 내가 시선을 포착할 때 나는 눈을 지각하기를 멈춘다. 눈과 시선의 관계는 비양립적이다. 시선에 관한 한 우리는 지각과 인식을 동시에 할 수 없다.

여기에 시선의 지배관계가 있다. 바라보는 자는 시선이고, 바라보여지는 자는 눈이다. 두 대자존재의 대결에서 시선으로 남는 자가 이기는 자이고, '눈'이라는 대상으로 전락하는 사람은 패배한 자이다. 앞서 로깡땡의 일화는 투쟁을 통해 시선으로서의 타자를 눈이라는 대상으로 환원시키는 과정을 잘 보여주고 있다. 로깡땡의 시선이 승리를 거두자 빠로땡의 시선이 광채를 잃고 장님 같은 눈만 남았다고 하지 않았던가.

맹수처럼 싸우는 두 시선

타인과의 관계는 투쟁의 관계이다. 상대방의 냉혹한 시선에 위축되었던 나는 다시 정신을 차려 경멸과 차가운 평가의 시선을 그에게 던진다. 나의 주체성을 거부하고 나를 물체로 규정하는 그를 나도 대상으로 규정해버리는 것이다. 그에게 있어서 나는 주체가 아니라 대상이었는데, 이제 내가 그를 대상으로 만들어버리자 나는 다시 주체가 되었다.

알고 보니 나를 대상으로 삼는 그 주체도 언제든지 '나에 의해 바라보일 수 있는' 존재였다. 다시 말하면 그도 언제든지 나의 대상으로 뒤바뀔 수 있는 것이다. 모든 타자가 불순하고 나만 순수한 것은 아니다. 나를 대상으로 포착하는 상대방을 나도 대상으로 포착하려 온갖 노력을 다한다.

그리하여 마침내 타자가 나의 대상으로 보이는 순간 그의 주체성은 전락하여 단순한 대상의 성질이 되고 만다. 나의 대상이 된 타자는 물론 인간이므로 그의 안에 의식, 다시 말해 무(無)가 들어 있기는 하지만 그것은 이미 속이 텅 빈 상자 이상의 것이 아니다.

이쯤 되면 나는 나를 다시 찾은 것이다. 상대방을 대상으로 간주한다는 것만으로 나는 남에게 빼앗겼던 자신의 존재를 다시 거둬들인 것이다. 왜냐하면 하나의 대상은 다른 대상을 가질 수 없는데, 내 앞에 있는 타자가 대상이라면 그 앞에 있는 나는 결코 대상이 될 수 없기 때문이다. 책상 앞에 앉아 있는 내가 책상의 대상이 될 수 없듯이 대상으로 화한 타자 앞에서 나는 결코 대상이 될 수 없다. 나는 엄연한 주체로써 나의 완전한 주관성을 소유하고 있는 것이다.

그러나 내게 중요한 것은 남에게도 중요한 법이다. 내가 타인의 손 아귀에서 벗어나 자유스럽게 되기를 시도했듯이 타인 역시 나의 지배에서 벗어나려고 애쓴다. 내가 남을 예속시키려 하는 동안 남도 나를 예속시키려 하는 것이다. 마치 상대방에게 먹히지 않기 위해 사력을 다해 싸우는 맹수처럼 두 대자존재의 시선은 날카롭게 부딪친다.

이겼을 때가 곧 지는 순간

그러나 여기에는 승자도 패자도 없다. 그것이 우리를 더 절망하게 만든다. 내가 상대방의 시선을 노려보는 순간 상대방의 시선은 사라지고 거기에는 두 눈만 남는다. 이 순간 타자는 하나의 즉자존재가 되어, 나는 자유를 되찾고, 그 즉자존재를 소유한다. 나의 목표는 달성된 듯이 보인다. 왜냐하면 나의 대상성의 열쇠를 쥐고 있는 존재를 내가 소유하고 있기 때문이다.

나는 그에게 수천 가지 방법으로 나의 자유를 느끼게 할 수도 있다. 용의자에게 자백을 강요하며 고문을 가하는 사디스틱한 수사관의 경우가 그러할 것이다. 그러나 여기에 딜레마가 있다. 수사관의 목적은 조사 대상의 죽음이 아니라 그 용의자로 하여금 자기 자유의사로 어떤 정보를 말하게 하는 것이다. 다시 말하면 그가 원하는 것은 타자의 자유이다.

타자의 자유를 포획하기 위해 수사관은 우선 혐의자의 신체를 수단으로 삼는다. 타자의 자유는 그의 신체와 일치하므로 수사관은 용의

자의 신체의 주인이 됨으로써 그의 자유의 주인이 될 수 있다. 그런데 이 목적이 성취되어 용의자의 몸이 완전히 경직된 채 의식을 잃고 쓰러지는 순간 신체는 이미 수단의 자격을 상실한다.

고문 수사관이 성공했다고 믿는 순간이 다름 아닌 실패의 순간이다. 신체는 그의 것이 되었으나, 이제는 아무 소용도 없게 되었다. 그것은 이제 사디스트를 당혹하게 하는 육체의 덩어리에 지나지 않는다. 모든 것이 다 무너져버렸다.

우리의 모든 대타(對他) 관계가 그러하다. 내가 싸워 이겼다고 생각한 상대편 사람은 대상이 되어, 나의 손에는 주체로서의 타자가 아니라 한갓 물체로 전락한 타자만이 남겨졌기 때문이다. 하나의 돌멩이가 다른 돌멩이를 대상으로 삼을 수 없듯이, 하나의 대상은 다른 존재를 대상으로 만들 수도 없지만, 동시에 그 존재의 자유를 인정해 줄 수도 없다.

나의 실망은 크다. 나는 타자의 자유를 나의 것으로 소유하려 했는데, 그 자유가 내 시선 앞에서 허무하게 무너져 버린 것이다. 내가 타자를 이겼다고 생각하는 것은 이런 절망적인 상황 속에서일 뿐이다.

사랑의 불가능성

인간의 원초적인 대타 관계는 남녀 간의 사랑에서 가장 적나라하게 드러난다. 사랑은 근본적으로 상대방을 자기 소유물로 삼고자 하는 지향적 의식들 간의 투쟁적 관계이다. 그러나 모든 의식은 그 근본적 자발성(자유)으로 인하여 결코 영원히 타인의 소유물로 머무를 수는 없다. 그러므로 사랑은 원초적으로 불가능하다.

프루스트(Marcel Proust, 1871~1922)의 대하소설《잃어버린 시간을 찾아서(A la recherche du temps perdu)》(1913~1927)의 주인공 마르셀은 사랑하는 여인 알베르틴을 자기 집에 살도록 해놓고, 물질적으로도 완전히 자기에게 의존하도록 해놓았으므로 날마다 어느 때든 그녀를 보고 소유할 수 있었다. 따라서 그는 연인을 잃을 것이라는 불안감에서 완전히 벗어나 해방감을 느껴야 마땅했다.

그럼에도 불구하고 그는 심한 불안감에 떨며 괴로워했다. 비록 몸은 그와 가까이 있지만, 그녀의 의식은 멀리 달아나고 있다는 것을 매순간 느꼈기 때문이다. 그는 그녀가 잠들어 있을 때에만 겨우 안정감을 찾을 수 있었다. 프루스트의 소설에서 왜 잠든 여인만이 완벽하게 소유될 수 있는지를 사르트르의 의식 이론만큼 잘 설명해 주는 것은 없다.

마르셀의 이야기는 지향적 의식이 추구하는 바가 타자의 신체가 아니라 타자의 의식이며, 그것은 영원히 소유되는 것이 아니라 언제고 나로부터 빠져 달아날 수 있다는 것을 잘 보여준다. 신체적인 예속에도 불구하고 실질적인 승자는 알베르틴이고, 마르셀은 그녀에게 예속되어 있었던 것이다. 왜냐하면 알베르틴은 자신의 자유, 즉 의식을 포기하지 않았기 때문이다.

그러나 마르셀이 이긴다 해도 그는 역시 자신의 사랑을 잃는 수밖에 없다. 사랑에서의 승리는 사랑의 상실에 다름 아니다. 그 과정은 다음과 같다.

남자는 사랑하는 여자를 자신에게 예속시키기 위해 우선 자신의 자유를 숨긴다. 자유는 의식 또는 대자존재와 동의어이다. 그는 자신이 완전히 그녀에게 예속된 종과 같다고 말한다. 왜냐하면 자신이 자유로 있는 한 그녀는 자신의 대상이 될 것이고, 그렇다면 그녀는 주체성이나 자유가 없는 무기력한 사물이 되어버릴 것이기 때문이다. 남자가 원하는 것은 주체성 또는 자유를 가진 생기발랄한 여인이지, 한갓 물건으로 전락해버린 대상성이 아닌 까닭이다.

그녀가 자신을 사랑하도록 하기 위해 자신의 자유를 숨기며 온갖 애를 다 쓴 끝에 마침내 그녀도 그를 사랑하기 시작한다. 이때까지 그녀는 완전한 자유였지만 그를 사랑하면서부터 그녀는 자신의 자유를 내팽개치고 마치 종처럼 그에게 예속되었다. 다시 말하면 주체가 아니라 객체, 대상, 물체로 전락했다. 그러자 남자는 여자에 대해 흥미를 잃는다. 그가 사랑한 것은 자유와 주체성을 가진 생기발랄한 여자였지, 종처럼 자기에게 예속된 무기력한 물질성이 아니기 때문이다.

결국 그는 그 어느 때에도 그녀의 온전한 자유를 소유할 수 없다. 그를 사랑하기 전의 그녀는 자유였지만 그를 사랑하지 않았으므로 그 자유는 그의 것이 아니었다. 지금 그녀의 사랑을 얻었지만 그의 손에 남겨진 것은 그녀의 자유가 아니라 사물 같은 즉자존재일 뿐이다. 따라서 사랑은 영원한 실패이다.

타인의 세계 속에 떨어진 것이 우리의 원죄

그것이 사랑이건 고문이건 혹은 일상적인 인간관계이건 간에 타자와의 관계는 이처럼 영원한 실패의 관계이다. 서로가 타자에 의해 대상화되지 않으려고 긴장하고 있고, 타자의 공격에 대비해 단단히 무장도 하고 있지만, 여기에는 성공도 휴식도 없다. 홉스의 표현을 빌면 오직 죽음에 의해서만 종식되는, 힘에 대한 끊임없는 추구가 있을 뿐이다.

그러므로 타자와의 관계는 본원적으로 갈등의 관계이다. 타인의 자유를 존중한다는 말은 공허한 거짓일 뿐이다. 우리가 타자의 자유를 존중하려고 노력한다 하더라도 타자에 대한 우리의 모든 행동은 이미 그 자체로 타자의 자유에 대한 침해이다.

우리가 무슨 행동을 하건 그것은 이미 타인이 존재하는 세계, 다시 말해서 내가 타인에 대해 잉여적인 존재인 그런 세계에서 이루어지는 것이다. 그리하여 '원죄란 우리가 사물의 한가운데에 떨어졌다는 것'이라는 정의에서 한 걸음 더 나아가 사르트르는 '원죄란, 이미 타인이 존재하는 세계 속에 내가 나타났다는 사실'이라고 말한다.

타인은 이처럼 나를 물체로 만드는 사람, 나를 수치스럽게 만드는 사람, 나의 생명을 위협하는 사람이고, 나의 세계를 빼앗아 가는 사람이다. 사르트르의 희곡 《밀폐된 방(Huis-clos)》(1944)에서 타인의 시선에 고통스러워하며 주인공이 내뱉는 "지옥, 그것은 타인들이야"라는 말의 의미가 바로 그것이다. 사르트르의 실존주의에서 인간들 사이의 화해는 존재론적으로 아예 배제된다.

3

타인의 인정을
받기 위한 싸움

헤겔의 인정투쟁(認定鬪爭)

인정받고자 하는 욕망

인간의 의식 사이의 투쟁을 말해 주는 것으로 헤겔의 '주인과 노예의 변증법'만한 것이 없다. 딱히 시선을 말하고 있지는 않지만 사람과 사람 사이의 대립적인 관계를 다루고 있다는 점에서 사르트르의 대타 개념의 원형이라 할 만하다.

헤겔에 의하면 인간의 욕망이란 다른 사람들에 의해 인정받고자 하는 욕망에 다름 아니다. 소위 인정투쟁(認定鬪爭)이다. '만인에 대한 만인의 투쟁'은 단순히 생명을 위한 투쟁이 아니고 서로가 서로에게 인정받기 위한 투쟁이다. 다시 말하면 자신이 자율적인 자기의식임을 타자에게 증명 받고 또 자기 자신에게도 증명하기 위한 투쟁이다. 그러므로 인간과 인간의 만남은 상호 인정을 받기 위한 자기의식(自己意識)들 간의 투쟁이다.

자기의식이란 도대체 무엇인가? 헤겔은 우리의 의식을 대상에 대한 의식과 자기에 대한 의식으로 나눈다. 대상의식(헤겔은 이것을 그냥 '의식'이라고 부른다)은 아직 자기를 의식하지 못하고 감성에 사로잡혀 오로지 대상만을 지향하고 있는 의식이다. 이것은 자기의식에 비해 좀더 단순하고 저급한 단계의 의식이다. 아직 철들기 전의 어린아이나 저능 장애를 타고난 사람의 의식이 이러할 것이다.

대상 쪽으로 향했다가 다시 자기 쪽으로 되돌아와 자기를 바라보고 있는 의식이 자기의식이다. 세상의 물건들에만 관심을 가졌던 어린아이가 차츰 자기 정체성을 확립해 가는 단계에 이르면 그의 의식은 자기의식이 되는 것이다. 물론 의식과 자기의식은 이처럼 인간의 발달 단계에만 기계적으로 적용되는 것이 아니라 한 사람의 의식 속에서 하루 동안에도 무수히 반복되는 과정이다.

데카르트(René Descartes, 1596–1650)가 "나는 생각한다. 고로 나는 존재한다"라고 사유할 때 사유의 대상은 외부세계에 실재하는 대상이 아니라 나의 내부에 들어 있는 '나'라는 대상이다. 내가 나를 대상으로 삼아 나를 의식할 때, 이것이 자기의식이다. 자신을 반성하고 성찰하는 의식이므로 대상만을 바라보는 의식보다는 훨씬 깊이 있고 고차원적인 의식이다.

이러한 자기의식이 자신에 대해 느끼는 확신은 어디까지나 주관적이며 동어반복적이다. 우리는 타자에 의해 인정을 받아야, 다시 말하면 객관성을 확보해야만 진정으로 자신에 대한 확신을 가질 수 있다.

자칭 미인 혹은 자칭 천재의 추상적인 자기의식은 전혀 실재성이 없고, 공허하고, 형식적이며, 실제적 내용이 결여된 자아이다. 이것은 어느 때라도 순수한 생각의 차원으로 떨어질 수 있는 관념적인 자아이다. '내가 미인이다' 혹은 '천재다'라는 사실은 오로지 내가 다른 자기의식으로부터 인정받을 때에만 견고한 객관성을 확보한다. 자기 확신을 자신에게 증명할 수 있는 것은 오로지 그것을 타자에게 증명할 때 뿐이다.

이처럼 나는 타자를 내 존재 증명의 매개수단으로 삼는다. 그러나 그 타자는 또 어떠한가? 그도 역시 자신의 자기의식이 진실된 것임을 증명하기 위해 나의 존재를 필요로 한다. 내 편에서 볼 때 내가 본질적이고 타자가 비본질적이듯이 상대편에서 볼 때는 그가 본질적이고 내가 비본질적이다.

각각의 자기의식은 자기 자신에 대해서는 절대적인 자기 확신이지만 타자에게 있어서는 그저 살아있는 사물일 뿐이다. 각자는 자기를 이 세상에서 가장 중요한 존재로 생각하지만 남들의 눈에는 길가의 가로수나 책상 앞 의자와 다름없는 대상일 뿐이다. 생명이 있다는 점에서 의자와 다르지만 그래봤자 기껏해야 '생동(生動)하는 사물'에 지나지 않는다.

그러므로 두 자기의식의 만남은 이중의 상호적 배제 관계이다. 타자는 내게 있어서 부정성의 성격을 가진 비본질적 대상이다. 나도 또한 그에게 그렇게 보인다. 상대방도 엄연히 자기의식이지만 나는 그것을 인정하지 않고 오로지 나를 비춰주는 역할만을 기대한다.

자신의 정체성을 인정해 줄 수 있는 유일한 존재가 타자라면 인간의 뿌리는 자기 안에 있는 것이 아니라 타자 안에 있다. 진정한 자기 확신을 얻기 위해서는 자기가 자신을 인정하는 것만으로는 부족하고, 타자가 이 사실을 인정해주는 것이 필수적이다. 그래서 우리는 타자에게 나를 인정해주도록 촉구한다. 그런데 타자도 나와 똑같이 자기 확신을 가진 자기의식이다. 그도 역시 자신을 확신하고 있고, 자기를 절대적으로 내세우지만 자기 확신을 얻기 위해서 나의 인정을 촉구하고 있다.

내가 타자의 인정을 받으려 할 때 타자도 마찬가지로 나의 인정을 받으려 하고, 나의 실체적 존립기반을 타자에게서 구하려 할 때 타자도 그의 존립기반을 내게서 구하고 있다. 그렇다면 내가 인정받기 위해서는 나도 타자를 인정해 주어야만 한다. 타자 부정은 자기 부정이고, 타자 긍정은 자기 긍정이 되기 때문이다.

상대방 속에서 자신의 존립 기반을 추구하는 나의 자기의식은 일방적으로 타자를 지양할 수 없다. 즉 그를 부정할 수 없다. 자기의식이 충족되려면 오직 자기 앞의 대상이 하나의 자기의식으로서 제시되어야만 하기 때문이다.

다시 말하면 나를 인정해 줄 수 있는 것은 나와 똑같은 다른 사람일 뿐, 나무토막과 같은 사물은 결코 나를 인정해 줄 수 없다. 자기의식은 타자를 자기와 대등한 자기의식으로 인정하고 또 인정받는 속에서만 진정으로 자기의식일 수 있다. 나의 완전무결한 존재는 나와 완전히 대등한 또 다른 자기의식에 의해 인정됨으로써만 보장된다.

그러므로 두 자기의식 간의 투쟁에서 어느 한쪽이 죽으면 살아남은 사람이 승리하는 것이 아니라 동반 몰락한다. 왜냐하면 자기를 인정해 줄 상대방이 소멸되어 없어져버렸기 때문이다. 자신의 승리를 인정해줄 타자가 없는데 승리가 무슨 의미가 있는가. 죽어서 나무토막 같이 된 상대방 앞에서는 승리라는 말 자체가 무의미할 것이다.

　이처럼 상대방의 죽음은 자신의 죽음을 초래한다. 인간 사이의 대립은 서로 제약하며 제약당하는 관계이지만 여하튼 인간은 오직 대립된 것으로서만 존재한다. 서로 대면하는 이 구체적 두 자아가 모두 자립적인 자기의식을 갖기 위해서는 서로가 서로를 단지 살아 있는 사물만은 아닌, 진정한 자기의식으로 인정해야 한다. 타자성을 유지하면서 동시에 자기 자신을 발견하는 것, 이것이 인간 욕구의 심원한 목표이다.

최초의 주인과 노예

　상대방의 죽음은 나의 죽음을 초래하지만 내가 가장 뛰어나다고 인정받기 위해서는 그들을 거의 죽음의 위험에 몰아넣어야 한다. 죽음의 위험에 몰아넣는다는 말은 비유적 의미이기도 하고 실질적인 의미이기도 하다. 역사적 상상력을 한 번 작동시켜 보자.

　예컨대 18세기까지 프랑스를 지배해온 왕가와 귀족 가문들은 5세기에 갈리아(프랑스어로는 Gaule) 지방을 정복한 게르만의 후예들이었다. 정복군으로 갈리아에 침입해 들어온 게르만의 무사들이 나중에 봉건귀족이 되었고, 그들 중의 선출왕인 클로비스의 후예들이 왕가를 이루었다. 당시에는 왕과 무사들이 별로 다를 것이 없었으나 우연히 왕으로 뽑혔던 사람의 후손은 왕가를 이루었고, 시골로 내려가 영주가 되었던 사람들은 귀족이 되었다. 왕족과 귀족으로서의 그들의 특권은 이 아득한 옛날 정복의 권리에서 유래한다.

정복군인 게르만의 무사들 앞에서 당시 골 지방의 토착민들은 생명의 위협을 느꼈을 것이다. 권리와 자존심을 내세우면 목숨을 잃을 것이 뻔했으므로 그들은 자존심을 버리고 무사들에게 투항하여 목숨을 부지했을 것이다. 고양된 정신 상태인 자존심도 중요하지만 인간의 물질적인 생명도 그에 못지 않게, 아니 그보다 더 중요하다. 토착민 앞에서 정복군은 아주 용감하게 죽음과 맞서 생명의 상실을 두려워하지 않았다. 물질 따위는 하찮게 여기고 죽음도 불사한다는 점에서 이것은 고귀한 의식이며, 또한 주인의 의식이라 할 수 있다.

그러나 토착민은 자존심 대신 생명을 선택했다. 죽음도 불사할 용기가 없는 이 사람들은 노예 신분을 택한 것이다. 생명을 부지하는 대신 상대방을 주인으로 모시는 대가로 이들은 주인의 시혜 속에서 마치 하나의 사물처럼 보존된다. 그는 주인을 인정하지만 주인은 그를 인정하지 않는다.

여기서 '자존심'을 '자기의식'으로 바꿔 놓으면 그대로 헤겔의 '인정 투쟁'이 된다. 처음에 동등하게 만난 두 자기의식은 서로 상대방의 죽음을 겨냥하는 만큼 각자 자신의 생명도 걸어야 한다. 이 두 자기의식의 관계는 생사를 건 투쟁을 통해 자신과 상대방을 확증하는 관계이다.

이 싸움에서는 두 사람 중 한 사람이 자아를 끝까지 고수하고 다른 사람은 죽음을 피해 생을 택하는 식 외에 다른 해결 방법이 없다. 승리한 자는 자기의식의 지위를 유지하고, 패배한 자는 생과 물질적 대상에 연연하는 의식의 차원으로 다시 떨어지고 만다. 승리한 자기의식은 자립적 의식이고, 패배한 자기의식은 비자립적 의식이다.

의식의 차원으로 전락한 개인은 자기를 패배시킨 타자의 손에 좌지우지되는 대타적(對他的) 의식, 즉 사물이나 다름없는 거세된 실존이 된다. 이것이 헤겔의 그 유명한 주인과 노예의 변증법이다.

즐기는 자와 노동하는 자

주인은 사물과 노예의 소유자이다. 사물을 소유함으로써 노예의 생존권을 장악하고, 또 노예를 강제하여 사물을 가공하게 함으로써 사물을 장악한다. 하나는 인간이고 하나는 사물인 이 두 계기, 즉 노예의 의식과 자연의 물질적 사물은 주인으로서의 사회적 지위를 유지하게 해주는 두 계기이다. 자신의 생명유지에 꼭 필요한 이 두 계기를 통해서만 주인은 주인의 신분을 유지하고 누릴 수 있다. 따라서 그는 이 두 계기와의 관계를 결코 끊을 수 없다.

그 중에서도 노예는 주인을 존립시키는데 절대적으로 필요한 존재이다. 주인이 주인일 수 있는 것은 오로지 그가 노예로부터 인정받고 있기 때문이다. 의식주에 필요한 모든 물질적인 것과 관계를 맺는 것도 노예의 중개를 거쳐서이다. 주인의 자율성은 또 다른 자기의식, 즉 노예라는 매개에 의존해 있다. 따라서 주인의 자립성은 전적으로 상대적이다.

한편 노예는 자신의 존재를 물건과 같이 여김으로써만 존재할 수 있는 사물화 된 비자립적 의식이다. 노예는 주인의 강제에 의해, 주인이 시키니까 할 수 없이, 주인의 생명 유지를 위해 식료품을 생산하고, 생활도구도 제작한다. 그것이 모두 사물을 가지고 해야 하는 일이다.

그러나 사물도 본성적으로 자립적인 측면이 있다. 예컨대 벼나 밀 같은 억센 한해살이 식물은 그 자체로는 우리 입에 들어오기 힘들다. 그것은 본성적으로 우리의 식품이 되기를 완강하게 저항한다.

노예는 지혜를 짜내어 물건의 성질에 따라 사물을 순치하는 능력과 물리를 터득한다. 다시 말하면 사물과 투쟁적 관계에 들어가는 것이다. 그리하여 화본과(禾本科) 식물의 줄기를 베어 이삭을 털고 도정이나 제분을 거쳐 먹기 좋은 밥이나 빵을 만든다. 헤겔식으로 말하면 노동을 통해 사물의 조야(粗野)한 자연적 형식은 부정하지만 그 사물의 내용적 측면은 고스란히 긍정하는 것이다.

쉽게 말하면 곡식의 억센 줄기는 베어내지만 식량으로서의 그 낟알의 내용은 그대로 인정한다는 것이다. 만일 밀짚으로 모자를 만들었다면 들판에 꼿꼿이 서 있던 그 자연적 형식은 부정했지만 밀짚이라는 내용적 측면은 그대로 긍정하는 것이다. 이처럼 노예는 노동을 통해 사물을 가공함으로써 사물을 지양한다. 다시 말하면 극복한다.

이러한 생산행위야 말로 노예를 가치 있는 존재로 만들어준다. 노예에게는 생산을 통해 세계를 변형하는 힘이 있다. 세계를 변화시키는 힘이 있다는 사실이 노예와 주인의 행위를 하늘과 땅만큼 벌어지게 한다.

물질을 소모하는 주인은 순전히 자연을 파괴하고 있지만 노예는 물질을 가공함으로써 재화를 생산한다. 주인은 이 세계의 본질인 물성(物性)을 소모하지만 노예는 주인이 그것을 향유할 수 있도록 가공한다. 물질의 가공과 생산을 위해 그는 거친 노동을 마다하지 않는다. 주인 대 노예의 관계는 향유 대 노동의 관계이다.

공중에 떠 있는 인간

원시 시대의 인간은 사물을 가공할 줄 몰라 열매 같은 것을 채집해 먹고 나뭇잎으로 몸을 가렸으며 동굴 속에서 살았다. 당연히 맛있는 음식을 먹을 수도 없었고, 좋은 옷을 입거나 쾌적한 집에서 살 수도 없었다. 헤겔의 용어로 말해 보자면 자연적 욕구상태에서 인간은 자연이 지닌 조야성(자립성)으로 인해 주위에서 우연히 발견되는 자연적 사물을 아무것이나 채취하는데 그침으로써 '향유'와는 거리가 멀었다.

차츰 노동을 통해 자연의 억센 사물을 가공하는 방법을 터득하여 채집과 수집의 단계를 벗어나게 되었다. 그리고 어느 순간 사람들은 두 부류로 나뉘었다. 죽음도 불사하는 도박을 통해 상대방을 노예로 만든 주인과, 죽음의 공포 속에서 자신의 자아를 희생시켜 물질적 안위를 택한 노예들이 생겨난 것이다. 주인들은 노예로 하여금 자기 대신 자연의 조야성과 대결하여 사물을 가공하도록 함으로써 자립성이 제거된 사물을 얻게 되었다. 전에는 한 사람이 향유와 노동을 동시에 했으나, 이제부터는 향유만 하는 사람, 노동만 하는 사람으로 갈리게 되었다.

사물과 자기 사이에 노예를 끼워 넣은 주인은 결국 사물의 비자립성과만 관계가 있고, 사물을 가공하는 노예는 사물의 자립성과 관계

에셔의〈결합의 끈〉
M.C. Escher Bond of Union, 1956

한다. 주인은 잘 다듬어져 먹기 좋고 쓰기 좋게 된 자연의 사물만을
알 뿐 날 것 그대로의 억센 자연을 알지 못한다. 그러나 노예는 인간
의 가공에 저항하는 자연의 조야한 측면을 안다. 즉 사물의 자립성을
아는 것이다.

　노예는 처음에는 생명 때문에 남에게 예속된 비겁한 자였는데 나
중에는 결국 자연과의 통일을 이루게 된다. 자아 대신 생명을 택한 까
닭에 폭넓은 대자연과 만날 수 있었기 때문이다. 이러한 자연과의 합
일을 통해 노예는 사회의 문화를 유지하고 발전시키는 창조자가 되

었다. 이것은 주인이 도저히 도달할 수 없는 경지이다.

반면에 주인은 자연세계의 물질을 가공하여 자신의 욕구를 충족시킬 대상을 직접 생산할 줄 모른다. 대상세계와 단절되어 오로지 모든 것을 소모하기만 하는 주인의 이러한 욕구와 충족 행위는 대상세계의 실체성과 통일을 이루지 못한다. 자연에 단단히 발을 딛지 못하고 노예의 노동에 의해서만 유지되는 가상적인 생이라는 점에서 주인은 허공에 떠 있는 공중인간(Luftmensch)이다. 그의 인생은 현실에 발붙이지 못한 부박한 삶이다.

의식의 역전―영화 〈드라이빙 미스 데이지〉

주인은 자신을 주인으로 인정하지만 노예를 주인으로 인정하지 않고, 노예는 자신을 노예로 인정하지만 주인을 노예로 인정하지 않는다. 다시 말하면 노예는 자신에게 행한 것을 주인에게 행하지 않고, 주인 또한 노예에게 행한 것을 자기 자신에게 행하지 않는다. 따라서 양자 간에는 상호성이 결여되어 불평등한 관계가 수립된다. 한 쪽은 노예이고 한 쪽은 주인이다.

주인은 즐기기만 하고 노예는 힘든 노동만 한다. 주인은 노예를 강제하고 노예는 주인의 명령을 따른다. 자기가 하고 싶지 않은 일도 주인이 시키면 억지로 해야만 한다. 당연히 주인이 노예보다 우월하다. 그러나 다시 한 번 생각해 보면 이 관계에서 우위를 차지하고 있는 것이 반드시 주인은 아니다.

노예는 자신을 노예라고 생각하고 주인도 자신을 노예라고 인정하

영화 〈드라이빙 미스 데
이지〉에서 우리는 까다
로운 노부인과 충직한
운전사의 주종관계가 서
서히 역전되는 것을 느
낀다.

므로 그는 철두철미하게 노예이다. 그러나 주인이
주인인 것은 노예가 그를 주인으로 인정하기 때문
이다. 만일 노예가 그를 주인으로 인정하지 않는다
면, 그리고 노예의 노동이 없다면 주인은 주인의 지
위를 잃을 뿐만 아니라 생명을 유지할 수조차 없
다. 노예 없이 주인은 주인이 아니므로 주인의 개
념은 전적으로 노예에 예속되어 있다. 자신의 존재
를 노예에게 의존하고 있는 주인은 자신의 개념을
완성하자마자 노예의 노예로 전락하는 것이다.

노예는 주인이 자신에게 행하는 것을 자기도 자신에게 행한다. 즉
노예는 "나는 노예다"라고 생각하며 자신을 노예로서 인정한다. 그의
존재는 누구에게도 의존되어 있지 않고 자립적이다. 결국 그것은 주
인의식이다.

애초에 주인은 자립적 의식을 가지고 있고, 노예는 비자립적 의식을
갖고 있었다. 주인에 대한 전율적 존경심 속에서 노예는 자기 정체성
을 거의 갖지 못했다. 그러나 노동을 하면서 서서히 자신을 존중할 줄
알게 되고, 자기 노동의 산물 안에 자신이 투영되어 있음을 보게 된
다. 주인의 자립성과 사물의 자립성 사이에 '떠밀려든 의식'으로서의
노예는 주인이나 사물에게는 있을 수 없는 내면적 사유세계를 건설
한다. 자기 도야를 하는 것이다. 사물을 형성하면서 노예는 자기 자신
을 형성한다.

학교 근처에도 가보지 못한 무식한 늙은 노동자의 얼굴에서 우리는

인생을 달관한 듯한 관조적 표정을 발견하는 때가 종종 있다.

　주인은 일시적인 향유만을 획득하지만 노예는 자신의 노동을 통해 인생을 관조한다. 생사를 위협하는 절대적 불안은 인간의 구차한 관심을 절대적 차원의 관심으로 고양시키기 때문이다. 그리스—로마 시대에는 에픽테토스 같은 노예출신 철학자들이 유독 많았다. 철학적 사색과 내면적 성찰 속에서 노예는 고유한 사변적 세계를 구축한다. 주인은 자기만이 자유로워야 하고 노예는 당연히 예속되어야 한다는 편협한 생각에 빠져 있지만 노예는 주인도 인간이기 때문에 자유로워야 한다는 자유의 보편적 이념을 깨닫게 된다.

　주인과 노예의 관계에서 주인이 쟁취한 것은 자립적인 의식이 아니라 오히려 비자립적인 의식이다. 주인이 자신의 지배와 향유 속에서 지니고 있는 자기 확신은 사실상 노예에 의해 매개된 것일 뿐, 실제로 그의 의식은 노예에게 예속된 노예의식이다.

　그러므로 주인 속에 주인의식이 없고, 노예 속에 노예의식이 없다. 주인은 노예의식을, 노예는 주인의식을 갖게 되는 이 과정이 노예와 주인이 반전되는 계기이다.

　왜 이런 역전 현상이 일어나는가? 노예는 자연의 사물을 가공하는 노동을 통해 주인이 없이도 얼마든지 생을 유지할 수 있다. 그러나 노예를 통해서만 자연과 관계를 맺었던 주인은 노예가 사라지면 단 하루도 생명을 유지할 수 없다. 노예가 서서히 자기 도야를 통해 자립성을 획득해 가는 동안 역설적으로 주인은 의존 상태에 떨어진다. 이렇게 되면 주인은 진정한 의미에서 노예의 노예로 드러나고, 노예는 주인의 주인으로 드러난다.

영화 〈드라이빙 미스 데이지(Driving Miss Daisy)〉(1989)에서 까다로운 성격의 노부인 미스 데이지와 그녀에게 성심껏 봉사하는 충직한 흑인 운전사 사이의 관계를 지켜보며 관객들은 누가 어른스럽고 누가 아이 같은지, 그리고 누가 주인이고 누가 하인인지 헷갈리면서, 서서히 그 예속 관계가 역전됨을 느낀다.

성실한 노동이 없으면 영원한 노예근성

이러한 역전을 가능하게 하는 것은 성실한 노동이다. 노예는 원래 자기비하, 굴종, 비자립성을 자신의 것으로 인정했다. 생명을 잃을지도 모른다는 공포감, 자기 생명의 열쇠를 쥐고 있는 강자에 대한 봉사, 그리고 자연과 대면하여 사물을 변화시키는 노동은 노예의 세 계기이다. 그러나 공포와 봉사만으로 노예는 자신의 자기의식을 진정한 자립성으로 고양시키지 못한다. 성실한 노동을 통해서만 의식은 자립적인 존재로 고양된다.

예속을 지배로 변형시키는 것은 바로 노동이다. 노예는 자신을 위해 노동하는 것이 아니라 주인을 위해 노동한다. 자신을 위한 노동이 아니기 때문에 그의 욕구는 자신의 욕구일 뿐만 아니라 동시에 타자의 욕구를 포괄한다. 이기적 욕심의 허망함을 감지하고 묵묵히 순종하며 성실하게 노동하는 노예의 자기통제는 인간의 참된 자유의 시초가 된다. 그리하여 그는 순전히 형식적으로 인정된 주인보다 더 높이 서게 된다.

그러나 관계가 역전되어 노예가 주인이 되기 위해서는 자연과 사물에 대한 존중, 그리고 주인까지를 포함한 모든 인간에 대한 예의라는 고귀한 의식의 함양이 필수적이다. 자신의 생산물인 곡식이나 과일을 고속도로에 내팽개치며 시위를 벌이는 농부나 자신이 매일 아끼고 보살피며 제품을 생산하던 기계에 모래를 뿌리는 파업 노동자들의 분노를 우리는 충분히 이해할 수 있다. 그러나 고귀한 의식이 결국 승리한다는 것은 영원한 진리다.

4

헤겔과 사르트르

노예는 주인의 참 모습

헤겔의 주인과 노예의 변증법은 인간 심리의 주인적 측면과 노예적 측면으로 보아야 할까? 아니면 자연과 대립하면서 마멸되는 노예 계급과 이러한 자기마멸의 결과인 재화와 용역을 향유하는 지배 계급 사이의 대립으로 보아야 할까?

첫 번째는 우파적 해석이고, 두 번째는 좌파적 해석일 것이다. 헤겔의 주인과 노예를 이분화 된 사회적 계급구조로 이해한 것이 마르크스적 계급투쟁 이론의 기초였다. 조르주 소렐(Georges Sorel, 1847-1922)도 사회 변동 과정을 인정투쟁의 관점에서 보려고 했다.

헤겔의 인정투쟁 이념을 풍부하게 하는데 있어서 누구보다 많이 기여한 것이 사르트르였다. 그러나 사르트르는 헤겔의 개념을 자신의 실존철학으로 전환시키는 과정에서 인정투쟁 이론과의 첨예한 갈등을 보여주었다. 그것은 두 자기의식 간의 상호 인정이 가능한지의 문제에서였다.

원래 대립하는 두 자기의식은 서로 자기가 행하는 것을 상대방도 똑같이 행하고 있음을 본다. 이들은 서로가 서로에 대해서 요구하는 것을 행하며 더 나아가서는 상대방이 똑같은 것을 자기에게 행하는 한에 있어서만 상대방에게 행한다. 일례로 자기가 상대방의 인정을 요구하면 상대방도 자신의 인정을 요구하고, 자기가 상대방을 사물로 간주하면 상대방도 자신을 사물로 간주한다.

그런데 서로 상대방을 노려보는 두 자기의식의 대결 속에서 내가 비본질적인 것으로 바라보고 있는 상대방이 팽팽한 시선의 긴장을 이기지 못하고 포기하여 자기 스스로 나에 대해서 비본질적인 존재라고 체념하는 수가 있다. 이때 그는 노예고 나는 주인이 된다. 그에게 있어서 본질은 그 자신이 아니라 바로 나이다.

그러나 이와 같은 예속은 고착된 것이 아니다. 변증법적 순환에 의해 주인은 노예로 전락하고, 새로운 주인은 또 다시 노예로 전락한다. "노예는 주인의 진리이다"라는 헤겔의 유명한 말이 바로 이것이다. 두 자기의식의 관계는 영원한 지배-예속의 악순환에서 벗어나지 못하고 다람쥐 쳇바퀴 돌듯 서로 자리바꿈을 계속한다.

이러한 악순환을 끊기 위해 "주인은 이때까지 남에게 행했던 것을 자신에게 해야 하고, 노예는 이때까지 자신에게 행했던 것을 남에게 행하는 순간"이 와야만 한다. 타자를 자기와 대등한 자기의식으로 인정하고 또 자기도 그렇게 인정받는 것이 진정한 자기의식이다. 이것은 내가 다른 자기의식을 그와 마찬가지 방식으로 인정할 때만 가능하다. 서로가 서로를 인정해 주는 상호 인정의 관계이다.

주인은 노예를 해방함으로써만 진정 자유로울 수 있다. 노예와 대립하는 주인은 아직 참으로 자유롭지 않다. 노예의 자유를 인정하지 않으면 자기의식의 순환운동에 의해 역으로 예속당하여 노예로 전락할 위험이 있다. 주인은 자기를 위해 대타적으로 존재하는 노예를 해방함으로써만 진정으로 자유로울 수 있다.

즉 주인은 주인으로서의 자신의 존재론적 편협성을 지양하여 보편적 측면을 갖추지 않고는 자기에게 예속된 노예에게 역으로 예속당하는, 진정한 의미에서의 노예로 전락하고 만다. "참된 자유는 나와 타자와의 동일성에 바탕을 두고 있으므로, 타자가 나와 마찬가지로 자유롭고, 또 나에 의해서 자유로운 것으로 인정되는 경우에만 나는 참으로 자유롭다"라고 헤겔은 《철학강요綱要(Enzyklopädie der philosophischen Wissenschaften)》(1817)에서 썼다.

훈훈한 인정의 사회는 있는가?

사르트르의 비판은 여기서 시작된다. 인간이 완전히 상호 동등한 관계를 유지할 수 있다는 헤겔의 생각을 사르트르는 인식론적 낙관주의로 규정한다. 여러 의식이 서로 투쟁하는 것은 각기 자신의 확신을 진리로 변형시키고자 하기 때문이다. 이러한 진리는 타자가 나에 대해서 한갓 대상이 될 때에만 가능하다. 그런데 어떻게 한갓 대상인 상대방이 나의 자기의식을 인정하며 또 나는 그의 자기의식을 인정하는 상호인정의 상태가 가능한가? 이것은 논리의 모순이 아닌가?

나와 타자 사이의 동시적 상호인정은 남이 자기를 보듯이 나를 보고, 또 나도 나를 보듯이 남을 본다는 전제가 있어야 가능할 것이다. 다시 말하면 주인은 자기를 주인으로 생각하며 동시에 상대방도 주인으로 생각한다는 것이다. 그러나 의식의 지향성에서 보았듯이 이러한 자기의식의 보편성은 기대할 수 없다.

내가 남에게 보이는 방식, 그리고 남이 내게 보이는 방식 사이에 공통의 척도가 있어야만 이것이 가능한데, 이러한 동질성은 어디에도 없다. 헤겔도 처음에는 그것을 시인하고 주인과 노예의 관계가 상호적이 아님을 확인했었다. 그러다가 갑자기 이러한 상호성이 정립되어야 한다는 당위성을 내세워 논리의 비약을 한 것이다.

그러나 객체인 타자와 주체인 나 사이에는 아무런 공통의 척도가 없고, 자신에 대한 의식과 남에 대한 의식 사이에도 역시 공통의 척도가 없다. 나는 타자를 대상으로 삼을 뿐 절대로 그의 진정한 존재, 즉 그의 주관성을 파악하는 것이 아니다.

나의 의식은 공격해 오는 타자의 타자성을 제거하고 그를 하나의 대상으로서 내게 귀속시키려 한다. 그러나 비록 내가 승리하여 타자를 대상으로 만들었다 해도, 그 '대상-타자'는 보통의 다른 대상처럼 대상으로 머물러 있는 것이 아니라, 언제든 투쟁을 통해 다시 나를 그의 대상으로 만들어 버릴 수 있다. 즉 지금은 노예이지만 언제든 주인이 될 수 있는 역전가능성이다. 누구도 노예의 자리나 주인의 자리를 영원히 차지할 수는 없다.

결론적으로 사르트르는 헤겔의 인식론이 오류로 끝났다고 주장한다. 사르트르의 대타관은 매우 비관적이다. 그에게 있어서 서로가 서로를 인정하는 훈훈한 인정의 사회는 결코 존재하지 않으며, 인간 대 인간의 관계는 투쟁의 관계일 뿐이다. 사르트르에게서 의식들은 서로 상대방을 대상으로 만들기 위해 상호투쟁의 관계를 형성한다.

　타자의 시선이 나를 공격하든가 혹은 나의 시선이 타자를 공격할 뿐 서로 대칭적 관계를 지닌 동등한 주관들 사이의 상호 주관성은 없다. 누가 주인이 되고 누가 노예가 되느냐 하는 '투쟁적 비대칭성'이 있을 뿐이다. 비록 나중에 《변증법적 이성 비판(Critique de la raison dialectique)》(1960)에서 실존주의를 마르크스주의화 하여 이를 극복해 보려 했지만, 사르트르는 근본적으로 상호 주관적인 공동체의 가능성을 모색하는 사상가는 아니었다.

5

광기와 시선

광기가 웃음거리로 되어 간 역사

"너의 남다름을 계발하라"고 주장했던 푸코는 타자성의 문제를 가장 극적으로 상기시킨 철학자 중의 한 사람이다. 그의 저서 《광기의 역사(Histoire de la folie à l'âge classique)》(1961)는 서구사회가 광인들을 타자로서 배제하는 과정을 다루고 있다. 르네상스 시대까지 별다른 거부감 없이 보통 사람들과 함께 섞여 살았던 광인들이 17세기 어느 날 갑자기 구빈원(Hôpital Général)에 갇히게 된다. 사회가 이성의 이름으로 광기를 타자로 규정하기 시작했다는 의미이다. 프랑스어에서 광기를 뜻하는 déraison은 이성을 뜻하는 raison에 부정의 접두사를 붙인 것이다. 정상인은 이성, 광인은 비이성의 영역에 속한다는 것을 이 단어가 한마디로 보여주고 있다.

수용시설에 갇힌 광인들은 햇볕도 들지 않고 환기도 안 되는 지하 감옥에서 쇠사슬에 묶인 채 몽둥이로 얻어맞기 일쑤였다. 광기는 인간에게 악마가 깃든 현상으로 여겨졌으며, 어떤 수용시설들은 입장료를 받고 광인들을 관람시키기도 했다. 그야말로 '인간 동물원'이었다. 광인은 동물처럼 구경거리가 되었다.

구경거리가 되었다는 말은 벌써 남의 웃음거리가 되었다는 도덕적 단죄의 뜻을 담고 있다. 바라보고 바라보이는 시선의 비대칭성, 불균형성이 그대로 도덕적 우열의 관계, 혹은 힘의 강약의 관계로 이어지고 있음을 이 말은 잘 보여준다. '바라보는' 행위와 '바라보이는' 상태 사이에는 지배와 종속의 관계, 다시 말하면 권력의 관계가 성립된다. 광기는 이제 이성의 시선 앞에서 쇠창살을 사이에 두고 이성과는 무관한 어떤 것이 되었다. 사람들에게 바라보여지는 대상이 됨으로써 그 사회의 타자가 되었다.

사회 모든 분야에서 일련의 단절, 불연속, 폭발이 일어난 계몽주의의 시대를 지나 19세기 초 정신과 의사와 역사학자들은 광인들이 범죄자들과 함께 감옥에 갇혀 있다는 사실에 분개했다. 프랑스의 에스키롤(Jean-Étienne Dominique Esquirol, 1772-1840)과 피넬(Philippe Pinel, 1745-1826), 영국의 튜크(William Tuke, 1732-1822), 독일의 레일이나 바그니츠 등이 지하 감방에 갇힌 불쌍한 광인들에 대한 연민으로 탄식했다.

특히 피넬은 비참한 광인 수용소였던 비세트르(Bicêtre)와 살페트리에르(Salpêtrière) 병원에서 과감하게 광인들로부터 쇠사슬을 풀어줌으로써 근대 정신의학의 초석을 놓았다. 끊어진 쇠사슬을 손에 든 모습으로 세워진 그의 동상은 지금도 파리의 살페트리에르 병원 앞에서 사람들을 맞이하고 있다.

그러나 이런 선구자들의 행적에도 불구하고 그 이후 광인에 대한 사람들의 인식이 좀 더 박애주의적이고 좀 더 의학적으로 바뀌었다고는 말할 수 없다. 광인들의 비인도적 수용에 대한 정치적 비판은 결코 광기의 진정한 해방으로 이어지지 않았으며, 그것은 오히려 광기를 더 효과적으로 제압하려는 의료 권력의 전략 수정이라는 것이 푸코의 생각이다. 이 과정에서 시선의 역할은 절대적이다.

광인을 쇠사슬에서 풀어준 피넬

피넬의 명성은 프랑스 대혁명기에 쇠사슬에 묶여 있던 정신병자 12명을 풀어준 것에서 시작된다. 최초로 풀려난 정신병자는 40년 전부터 사슬에 묶인 채 비세트르의 지하 독방에 갇혀 있던 영국군 대위였다. 그는 독송(讀誦) 미사 중 신부를 보좌하는 사람의 머리를 수갑으로 때려 즉사시킨 경력이 있는 무시무시한 사람이다. 피넬은 그에게 다가가 "분별 있게 행동하시오, 누구에게도 해를 끼치지 마시오. 유순하게 행동하고 신뢰성을 보이면 내가 당신에게 자유를 되찾게 해주겠소"라고 설득하면서, 그 대가로 사슬을 풀어주고 안뜰에서 산책할 권리를 부여하겠다고 약속했다.

얌전히 듣고 있다가 자유롭게 되자마자 밖으로 뛰쳐나간 대위는 햇빛에 탄복하고 황홀경에 잠겨 "참으로 아름답구나"라고 큰 소리로 외쳤다. 그날 저녁 그는 숙소로 돌아가서 조용히 잠들었다. 그 후 비세트르에서 2년 더 머물렀던 그는 다시는 광포한 발작을 일으키지 않았다. 뿐만 아니라 이 시설에서 아주 유용한 사람이 되어 광인들을 통솔하는 감독자가 되기까지 했다.

병사 슈벵제의 사례도 전설처럼 전해 내려오고 있다. 자신이 위대하다는 망상에 사로잡혀 스스로 장군이라고 생각하는 상습적인 술꾼 슈벵제에게서 피넬은 '그의 흥분상태 속에 있는 뛰어난 성질'을 알아보았다. 이 술꾼에게 그는 '좋은 주인'이 감사할 줄 아는 하인으로부터 기대할 수 있는 충직성을 보이라고 말하면서 굴레를 풀어주고 일을 시켰다. 기적이 일어나 그의 흐리멍덩한 영혼 속에서 충직한 하인의 미덕이 갑자기 일깨워졌다.

굴레에서 풀려나자마자 그는 남을 세심하게 배려하는 친절한 사람이 되었다. 자신의 새로운 주인을 대신하여 다른 광인들의 광포함을 두려워하지 않고 그들을 진정시키는 역할까지 맡게 된다. 조금 전까지도 정신병자들과 동일한 수준에 머물러 있던 그가 굴레에서 풀려남으로써 그들보다 더 크게 되었음을 느끼고, 그들에게 이성적인 말과 선한 말을 하게 된 것이다.

피넬에 관한 전설에 의하면 이 착한 봉사자는 끝까지 피넬의 사람으로 그에게 충성을 다한다. 대혁명 당시 파리 시민들이 소위 '민중의 적'을 징벌하기 위해 비세트르의 문을 강제로 열고자 할 때 그는 몸과 마음을 다해 헌신적으로 피넬을 보호했다. 자기 주인에게 자신의 몸을 요새로 제공하고 스스로 몰매를 맞아가면서까지 주인의 목숨을 구했다고 한다.

튜크의 '묵상의 집'

영국의 퀘이커 교도인 튜크는 요크에서 1마일 떨어진 어느 비옥하고 아름다운 시골에 커다란 농가를 연상시키는 광인 수용 시설을 마련했다. 울타리가 있는 넓은 정원이 있었고, 철책이나 창문의 철망은 없었다. "이성을 잃는 불행에 처해도 충분한 재산이 없어서 돈이 많이 드는 시설을 이용할 수 없는 신도들에게 그들의 처지를 감안하여 의료기술의 모든 방편과 생활의 모든 즐거움을 보장하고자, 자발적 기부를 통해 기금을 마련했다"라고 그는 1813년에 나온 자신의 저서 《요크 근처 정신박약자 수용시설인 '묵상의 집' 묘사(Description of the Retreat, an Institution |near York for insane persons)》에서 말하고 있다.

당시 사람들은 광기가 자연이나 인간 자신에게서 기인하는 것이 아니라 사회로 인한 질병이라고 생각했다. 흥분, 불안, 소요, 인공적 식품의 섭취 등이 광기의 원인으로 지목되었다. 광기는 자연에서 벗어난 생활의 산물이라는 것이었다.

'묵상의 집'이 공기 좋고 전망 좋으며, 아름다운 경치, 비옥한 평원과 우거진 숲이 있는 시골에 마련된 것도 광인들에게 자연을 되돌려주기 위한 것이었다. 인근의 토지에서는 경작과 목축이 행해지고 동산에서는 과일과 채소가 풍부하게 재배되었으며, 환자들에게는 휴식과 노동을 위한 쾌적한 장소가 제공되었다. 소박한 생활, 시골에 사는 행복, 계절의 순환 등 치료에 효과가 있다고 생각되는 모든 요소들이 활용되었다. 이 평화스러운 자연 환경 속에서 족쇄가 풀린 환자들은 자유를 만끽하며 편안하게 치료를 받았다.

족쇄로부터의 해방

발작을 수시로 일으켜 주위 사람과 심지어 관리인까지도 불안하게 만들었던 힘센 젊은 편집증(偏執症) 환자가 어떻게 '묵상의 집'에 받아들여졌는지에 대한 이야기는 이와 같은 자연의 치유 능력을 잘 보여 준다.

그는 발목에 사슬을 달고 손목에 수갑을 차고 온 몸이 꽁꽁 묶인 채 '묵상의 집'에 들어왔다. 도착하자마자 그에게서 모든 족쇄가 제거되었고 이어서 관리인들과 함께 저녁식사를 했다. 그러자 흥분상태가 사라지고, 그의 관심은 온통 새로운 상황에 쏠리는 듯 했다.

그를 방으로 안내한 관리인은 그에게 유의사항을 일러주었다. 모든 사람들이 가능한 한 자유롭고 편안하도록 시설 전체가 조직되어 있으며, 시설의 규정이나 도덕성의 일반적 원칙을 어기지 않는 한 어떤 속박도 가하지 않을 것이라는 설명도 곁들였다. 그러면서 관리인은 자신의 재량권에 속하는 강제적 수단을 사용하게 되지 않기를 바란다고 말했다.

이 편집증 환자는 이와 같은 부드러운 대우에 민감하게 반응했다. 그리고 자신을 자제하겠노라고 약속했다. 약속에도 불구하고 그는 가끔 흥분하여 소리를 지름으로써 동료들을 놀라게 했다. 그럴 때면 관리인은 첫날의 위협과 약속을 상기시키며, 만약 진정하지 않으면 어쩔 수 없이 과거의 가혹행위를 다시 가할 수밖에 없을 것이라고 했다. 환자의 흥분은 한동안 고조되다가 급속하게 진정되고, 4개월 뒤에는 완전히 치유되어 '묵상의 집'을 떠났다.

시선과 공포

'묵상의 집'에서는 자연스러운 환경과 함께 노동이 주요 치료 방법이었다. 그러나 노동보다 더 효과적인 것은 타인의 시선이다. 한 조광증(躁狂症) 환자의 에피소드는 시선과 권력과의 관계를 잘 보여준다.

감독관과 함께 정원을 걷고 있던 이 환자는 갑자기 흥분을 억누르지 못하고 광포한 발작에 사로잡혀 커다란 돌을 집어 든다. 감독관으로부터 몇 발자국 떨어져 있는 그는 당장이라도 그에게 돌을 던질 태세이다. 그때 감독관이 걸음을 멈추고 환자를 쏘아보며 몇 걸음 앞으로 내디딘 후 침착하고 단호한 목소리로 돌을 내려놓으라고 명령한다.

그가 환자 앞으로 다가감에 따라 환자는 힘없이 손을 아래로 내리고 마침내 돌을 땅 바닥에 떨어뜨린다. 그리고는 감독관에게 몸을 맡겨 그가 이끄는 대로 조용히 자기 방으로 되돌아갔다.

여기서 우리는 물리적 억압과는 다른, 뭔가 새로운 지배 방식이 생겨나고 있음을 알 수 있다. 그것은 바로 권위이다. 그런데 놀랍게도 권위는 그 어떤 물리력도 아니고 시선으로부터 나오는 것이었다. 근대적 정신병원의 효시인 피넬과 튜크의 요양원에서 감독관들은 아무런 무기나 강제의 도구 없이 단지 시선과 언어만으로 환자를 다루었다. 불시의 위협에서부터 그들을 보호할 아무런 대비책도 없이 그저 맨손으로 광인들의 앞으로 나아간 것이다.

그들의 냉정한 시선이 유발하는 것은 공포이다. 공포는 광기의 치료에 유효한 수단이었다. "공포는 광기 속에서도 좀처럼 줄어들지 않으므로 이것은 광인들의 치료에 아주 중요한 것으로 간주된다"라고 튜크 자신이 인정했다. 과거에 광인들을 쇠사슬에 묶어 놓던 시대의 공포는 고작 광인들의 육체에만 힘을 가하는 표면적인 것이었다. 그러나 '묵상의 집'에서 복원된 공포는 좀 더 심층적인 것이다. 공포는 이제부터 이성과 광기를 잇는 매체가 된다.

공포와 이성

공포는 물리적 수단이 아니라 말을 통해 환자에게 직접 환기된다. 마음대로 광란을 일으킬 수 있는 자유를 제한하는 것이 아니라 모든 광기의 발현이 징벌로 이어지게 될 것이라고 차분하게 책임의 영역을 정해주는 것이다. 혼란을 초래하거나 도덕에 어긋나는 모든 일이 환자의 책임이며 그 자신이 징벌과 비난을 감수해야 한다는 것을 확고하게 밝히는 것이다.

'묵상의 집'에서 신체적 속박의 부분적 폐지는 '자기 억제'를 골간으로 하는 전체 구도의 한 부분일 뿐이다. 여기서 타자의 시선에 노출되고 노동을 하게 된 환자는 끊임없이 자신의 죄의식을 인정해야만 했다. 실제로 튜크의 요양원에서 사용된 방법 중 공포보다 더 효과적인 것은 책임감이라는 폐쇄적인 불안감이었다.

과거에 공포는 감옥이라는 물리적 공간에 한정되어 있었다. 지금 그것은 모든 공간을 넘어서서 한 인간의 의식 밑바닥까지 내려가 맹위를 떨치고 있다. 예전에 광인이 사로잡혔던 공포, 다시 말해 감옥에 갇히지나 않을까 하는 두려움은 튜크에 의해 광인 자신의 내면으로 이전되었다. 요양소는 광인에게 무한한 죄의식을 주고, 이 죄의식은 광인과 감시인의 비상호적인 관계를 만들어 주었다.

죄의식은 자신이 비이성적 인간이라는 자각에서 기인한다. 광인을 감시하고 치료하는 사람은 이성적인 인간이고 광인은 비이성적 인간이다. 광기와 대적하는 감독관은 평범한 개인이 아니라 바로 이성의 화신이다. 그의 권위는 그가 광인이 아니라는 것, 즉 그가 미치지 않았다는 사실에서 나온다.

광인은 징벌의 대상이 되고, 주체 아닌 대상의 지위로 떨어지며, 자신이 죄인임을 자각한다. 비이성적 인간인 그는 자유롭고 책임 있는 주체로서의 자의식, 그러니까 이성으로 되돌아와야 할 책임이 있다. 그가 자유 상태로 돌아오는 것은 오로지 타자에 대해 자신을 대상화함으로써 이다.

광인들이 쇠사슬에 묶여 가혹한 행위를 당하던 과거 시대에 비이성, 즉 광기에 대한 이성의 승리는 물리적 강제력으로 얻어졌었다. 광인과 비-광인 사이에 완전히 폭력이 사라진 요양원에서 비이성은 아예 처음부터 제압되고, 패배가 결정되어 있었다.

겉보기에는 요양소 안에서 의사와 환자 사이가 친근해 보였지만 이 친근성은 결코 상호성을 허용하지 않는 친근성이었다. 그것은 감시하고, 엿보고, 더 잘 보기 위해 접근하는 시선의 친근성일 뿐이다. 물리적 인접성과는 달리 시선의 거리는 더욱 더 멀어졌다. 왜냐하면 이 시선은 광인에게서 정상인과 다른 이방인의 가치만을 인정하고 받아들이는 시선이었기 때문이다.

광인의 언어

 광인들을 감옥과 쇠사슬에서 해방시킨 것에는 역설적인 의미가 있다. 과거에 광인들을 가두었던 지하 독방, 그들을 얽매었던 쇠사슬, 그리고 사람들의 구경거리와 빈정거림은 그들에게 있어서 얼마간은 자유의 요소였다. 그것은 사람들로부터 인정과 암묵적인 동조를 받는다는 의미가 있었다. 그러나 쇠사슬이 벗겨지고 사람들이 무관심해지자 비록 제한적이나마 그가 누리던 자유는 텅 빈 것이 되었다. 그의 진실은 인정받지 못했고, 이 진실을 아무리 드러내려 해도 헛수고였다.

 왜냐하면 사람들이 더 이상 이 진실을 바라보지 않기 때문이다. 그 진실은 사람들로부터 경멸조차 당하지 않는다. 지금부터 경멸당하는 것은 그의 광기가 아니라 그의 인간 그 자체였다. 물리적 강제 대신 자유가 들어섰는데, 이 자유는 고독과 맞닿아 있다. 착란과 공격의 대화 대신 독백의 언어가 들어섰다. 그리고 광인의 독백은 사람들의 침묵 속에 묻혀버렸다. 예전에 광인들을 모욕하던 사람들의 거만함은 무관심으로 대체되었다.

 그러므로 쇠사슬에서 풀려난 광인은 이번에는 과오와 수치에 억매였다. 자기와의 관계는 과오의 차원이고, 타자와의 관계는 수치의 차원이다. 과거에 육체적 처벌을 받았을 때는, 그 처벌을 통해 자신이 결백해졌음을 느꼈다. 지금 육체적 징벌에서 해방된 그는 도저히 벗어날 방법이 없이 스스로를 죄인이라고 느낀다. 과거에 그에게 가해졌던 육체적 고통은 차라리 영광이었으나 지금 그것으로부터의 해방은 그에게 모욕을 줄 뿐이다.

쇠사슬이나 지하 감옥보다 더 지독하게 감금되어 자기 자신의 수인(囚人)이 된 환자는 타자들과 아무런 관계도 맺지 않고 오로지 자기와의 관계 속에 사로잡혔다. 타자들은 순진무구하고 더 이상 박해자도 아니다. 적들의 얼굴에서는 일체의 표정이 사라졌다. 광인은 더 이상 그들에게서 시선을 느낄 수조차 없다. 외면하는 시선과 관심의 거부만이 있을 뿐이다. 타자들은 광인이 다가갈 때마다 뒤로 물러서는 경계선이었다.

르네상스 시대에는 이성과 광기 사이에 끊임없이 대화가 이어졌고, 고전주의 시대에는 광인들을 가둠으로써 그들에게 침묵을 강요했었다. 그러나 그 침묵은 전면적인 것이 아니었고, 거기서 언어는 실질적으로 제거되지 않았었다. 감금, 감옥, 지하 독방, 심지어 체벌까지도 이성과 비이성 사이의 투쟁이라는 말없는 대화였던 것이다.

이제 그러한 대화는 단절되고, 침묵은 절대적인 것이 되었다. 대화 자체가 끊어졌고, 광기와 이성 사이에는 공통의 언어가 없어졌다. 광인들이 구사하는 착란의 언어는 언어의 부재로 간주된다. 왜냐하면 언어라는 것 자체가 이성이므로 비이성인 광기는 결코 언어가 될 수 없기 때문이다. 푸코의 유명한 말, '언어의 부재로서의 광기'는 바로 그런 의미이다.

광인을 향한 시선

고전주의 시대의 수용소에서도 광인은 시선에 노출되었지만 그때의 시선은 사실상 광인의 내면에까지 타격을 줄 수는 없었다. 사람들의 시선은 광인의 깊은 내면까지는 도달하지 못하고 단지 광인의 흉측한 표면과 가시적 동물성에 머물렀을 뿐이다. 건강한 사람이 광인의 모습에서 자신도 그렇게 될 수 있다는 불안감을 읽어낼 수 있었으므로 광인은 차라리 사람들의 모습을 반사시키는 거울과도 같은 것이었다.

그러나 튜크가 요양소 생활의 가장 큰 요소로서 구성한 시선에는 이러한 상호성이 없었다. 이곳의 시선은 더 심층적이며 덜 상호적이다. 심층적이라는 것은 광인에게 가하는 타격이 더욱 더 치명적이라는 뜻이고, 상호성이 없다는 것은 광인이 정상인들로부터 받은 시선을 그어떤 형태로도 상대방에게 되돌릴 수 없다는 의미이다. 광인은 오로지 바라보여지기만 했다. 그 시선은 광인에게 아주 미세하게 광기의 낙인을 찍는다.

광인의 내부까지 비수처럼 꽂힌다는 점에서 시선은 심층적이지만 광기의 깊은 이유를 이해하려 하지 않는다는 점에서는 한없이 표피적이다. 시선은 오로지 가시적인 것, 눈에 보이는 것만으로 광기를 단죄할 뿐 그 내부 깊숙이 자리 잡은 비밀을 탐사하여 그것을 이해하고자 하지 않는다. 광기는 오로지 남의 눈에 보이는 자신의 일부분에 의해서만 단죄된다. 나머지 전부는 침묵 속에 묻힌다. 광기는 보이는 것으로서만 존재한다.

튜크는 이러한 시선의 행위를 의식(儀式)으로 재구성했다. 그 의식은 각자가 각기 다른 사회적 존재의 모습을 충실하게 연기하는 영국식 야회(夜會)와도 같았다. 다만 혹시 누군가가 보여주게 될 돌출행동, 무질서, 실수 등을 통해 광기를 확인하려고 번뜩이는 시선이 있다는 점이 다를 뿐이다.

'묵상의 집'의 관장과 감독관들은 몇몇 환자를 정기적으로 티파티에 초대했고, 초대받은 환자들은 가장 멋진 옷을 입고 서로 예절과 품위를 겨룬다. 그들은 맛있는 음식을 먹으며 마치 손님이라도 되는 듯 아주 정성스러운 대접을 받는다. 야회는 대체로 모든 사람들이 만족하는 가운데 매우 원활하게 진행되었다. 불미스러운 사건이 일어나는 경우는 많지 않았다. 환자들은 각기 다른 자신의 성향들을 잘 조절했다.

가장 사교적인 모임을 닮았음에도 이 의식은 결코 접근, 대화, 상호 인지의 행사가 아니다. 모든 것이 친숙하게 가깝지만 자신은 여전히 그 안에서 이방인인 그러한 광인들의 세계이다. 사람들은 이 이방인을 화려한 파티 참석자라는 겉모습으로 판단하는 것이 아니라 그 겉모습에도 불구하고 언뜻언뜻 드러나는 어떤 비정상의 편린으로 판단한다.

요양소는 광인에게 미지의 방문자라는 공허한 역할을 끊임없이 상기시킨다. 사람들의 시선에 의해 형성된 자신의 사회적 성격과 형식, 그리고 가면에 의해 표면으로 이끌려 나온 광인은 이성적 인간들 앞에서 완벽한 이방인으로 대상화된다. 그들은 겨우 이런 자격으로만, 그리고 익명성이라는 값을 치르고서만 이성적 인간들의 왕국에 받아들여졌다.

사슬을 풀어주고 광인을 해방시켜 주었다는 튜크의 네거티브한 방식은 실상 광인을 보상과 징계의 제도 속에 가두고, 윤리적 의식의 운동 속에 집어넣는 포지티브한 방식이었던 것이다. 비난의 세계에서 심판의 세계로 이행한 것이다. 푸코에게서 네거티브와 포지티브의 함의는 나중에 설명하기로 한다.

광인은 영원한 미성년자

퀘이커 교도인 튜크가 정신병자 요양소를 가족적 분위기로 만들고, 피넬이 환자들에게 신체적인 자유를 준 것은 사실이지만 광인들은 여전히 시선의 대상으로서의 타자였다. '묵상의 집'은 가부장적 가족의 신화 속에서 운영되었다. 그곳은 환자와 감시인이 지도자와 관리자의 권위 아래 모여 있는 커다란 형제 공동체를 지향했다.

감독관들은 누구를 특별히 편애하지 않았고, 환자 중에서도 사랑받기 위해 특별히 아양 떠는 사람이 없었으며 그저 공정하고 엄격한, 마치 성서적 가족의 전형과도 같았다. 튜크의 기록에 의하면 "의사들은 주의 깊고 현명한 부모처럼 열정을 다해 환자를 배려했고, 환자들은 부모에게 바치는 자식의 사랑과도 같은 애정으로 거기에 보답했다." 관대함도 부당함도 없는 그 공동의 애정 속에서 환자들은 순수 상태의 가족이 줄 수 있는 잔잔한 행복과 안정을 되찾고, 원시 가족의 구성원으로서 생활하였다.

얼핏 보기에 이 '가족'은 환자에게 정상적이며 자연스러운 환경을 마련해주는 것 같다. 그러나 실제로 가족적 환경의 이 요양소는 광인을 더욱 소외시킨다. 광인과 감시인 공동체가 갖는 이 '대가족'의 성격이 광인을 미성년자로 만들어 주기 때문이다.

새로운 요양소를 지배하는 이성에 대해 광인은 미성년자가 되었다. 이제 광인들은 자율의 권한이 없이 이성의 세계에 접붙여져야만 살 수 있는 어린아이가 된다. 광기는 어린아이와 동의어가 되었다. 요양원의 다음과 같은 원칙은 그들이 얼마나 광인과 미성년자를 동일시하는지를 잘 보여준다.

"광인들은 필요 이상의 체력을 위험하게 사용하므로 즉각적인 벌과 보상이 필요하다. 약간 뒤늦은 것은 아무 효과도 없다. 그들에게 새로운 교육방법을 적용하고 그들의 생각을 만개시켜야 한다. 그들을 우선 굴복시키고, 이어서 격려하며, 노동에 종사시키고, 매력 있는 수단을 통해 그들에게 즐거운 노동을 돌려주어야 한다."

튜크에 이르러 미성년 상태는 광인에게는 생활방식이며, 간수에게는 절대적 지배방식이 된다.

그 이전부터 광인이 법에 의해 미성년자로 간주되어 온 것은 사실이다. 그러나 그것은 그를 법적 주체로서 보호하기 위해 금치산과 후견이라는 추상적 제도를 적용한 것일 뿐이다. 사법적 상황이었지, 구체적 인간관계 속에서 그러했던 것은 아니다. 그러나 요양소는 광인을 심리적 주체로서 미성년으로 간주하여 그를 이성적 인간의 권위와 위세에 내맡긴다. 현재 광인을 지배하는 사람이며 앞으로 광인이 그렇게 되어야 할 목표는 이성적 인간으로서의 구체적 성인이다. 마치 어린아이의 미래의 목표가 어른이듯이.

프로이트, 의료 권력의 탄생

마르크스와 함께 근대 인식의 양대 산맥을 형성하는 프로이트 (Sigmund Freud, 1856-1939)에 대해 푸코는 어떻게 생각할까? 정신의학의 창시자인 프로이트에 와서도 사정은 그리 나아지지 않았다는 것이 푸코의 생각이다.

프로이트는 종래 정신과 의사들이 환자에게 보여주었던 침묵과 싸늘한 시선 대신 환자들과 많은 대화를 나누었다. 그는 또 거울 효과를 통한 환자의 자기 인식 방법이나 자가비판의 방식도 없앴다. 그러나 그는 의사를 거의 신적인 위치에 올려놓았다.

피넬과 튜크와 마찬가지로 프로이트도 환자들에게는 기적을 행하는 사람으로 비쳐졌다. 그가 정신분석에 언어를 도입한 것은 사실이지만 종래의 정신과 의사들이 시선에 부여했던 특권을 완전히 거부하지는 않았다. 그는 요양원 안에 집단적으로 분산되어 있던 권력을 자기 주위에 집중시켜, 그것을 절대적 시선으로 만들었다.

요양소에서 발전된 정신병학은 대화의 기술이 아니라 관찰과 분류의 차원이다. 프로이트의 정신분석학이 19세기 요양소의 핵심이었던 시선의 현상을 제거하고, 침묵을 언어로 대체했다고는 하지만 관찰과 분류의 차원은 더욱 더 강화되었다. 정신분석은 감시자의 절대적인 시선과 감시받는 자의 끊임없는 독백의 말을 결합시켰다. 이렇게 해서 비상호적인 시선이라는 과거의 요양소 구조가 그대로 보존되었다. 비대칭적 상호성 속에 대답 없는 언어라는 새로운 구조가 탄생한 것이다.

푸코는 프로이트에게서 가부장적 아버지가 아니라 완전히 하느님 아버지처럼 환자에게 전지전능의 권한을 행사하는 의료 권력의 탄생을 본다.

6

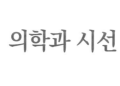

의학과 시선

회진하는 의사들

병원에 입원했을 때 우리가 흔히 접하는 광경은 떼 지어 몰려다니는 의사들의 회진 모습이다. 침대에 둘러선 젊은 수련의들 앞에서 권위 있는 의사는 환자에게 질문을 하고, 가끔은 손으로 쿡쿡 찌르거나 만져보기도 한다. 아무 말 없이 몸을 내맡기고 있는 환자는 더 이상 인간이 아니라 한갓 사물, 또는 질병 그 자체이고, 노련한 의사의 경험과 지식을 입증하는 도구일 뿐이다.

이처럼 병원에서 직접 환자를 보여주며 의학 교육을 실시하는 것을 클리닉(clinique, clinic)이라고 한다. 클리닉은 임상의학이면서 동시에 그것이 실시되는 장소로서의 진료소 혹은 의과대학 부속병원을 의미하기도 한다. 근대 의학의 아버지로 여겨지는 히포크라테스(Hippocrates)는 역사상 처음으로 의학에 임상적 관찰을 도입한 의사이다.

히포크라테스가 살았던 5세기 당시 희랍에서 의술 교육은 환자 앞에서 직접 실시되었고, 젊은 의사 지망생들은 환자의 침대 맡에서 의학을 배웠다. 환자는 주로 의사의 집에서 기거하고 있었으며, 학생들은 아침과 저녁으로 스승의 회진에 동반했다.

《징후학》같은 히포크라테스의 저서들은 이 일반적이며 직접적인 임상의학을 체계화한 것이다. 그 과정에서 하나의 지식이 도입되었는데 그것이 바로 4체액 이론이다. 우리의 몸은 혈액, 담, 황담즙, 흑담즙 등 4개의 체액으로 구성되어 있고, 이 4체액의 균형이 깨질 때 질병이 생긴다는 이론이다. 이 황당한 이론을 푸코는 눈먼 지식이라고 지칭한다. 눈먼 지식이라 함은 시선에 기반을 두고 있지 않은 지식, 즉 두 눈으로 직접 관찰한 것이 아니어서 실증성이 결여된 지식이라는 의미이다.

그러니까 근대 의학과 전근대 의학의 차이는 시선이 있느냐 없느냐의 차이이다. 비샤(Marie-François-Xavier Bichat, 1771-1802) 이후 근대적 의미의 임상의학은 시체해부와 시선이 결합된 실증주의적 학문이기 때문이다. 여기서 시선이 가장 중요한 문제로 떠오른다.

푸코가 《임상의학의 탄생(Naissance de la clinique-une archéologie du regard médical)》(1963)에서 본격적으로 다루고 있는 것도 바로 시선의 문제이다. 그는 광기의 역사를 박사논문으로 쓴 후, 성, 감옥 등의 역사를 쓰기 전에 우선 먼저 의학의 역사인 《임상의학의 탄생》을 집필했는데, 그것은 시선의 문제가 가장 적나라하게 부각되는 것이 의학 분야라는 생각 때문이었을 것이다.

근대 임상의학의 탄생

히포크라테스 식의 임상의학이 아니라 엄격한 실증성을 바탕으로 하는 근대적 임상의학은 사회 체제를 완전히 전복시킨 프랑스 대혁명의 산물이었다. 당시의 혁명 주도세력에게는 두 개의 커다란 의학적 꿈이 있었으니, 그 첫째는 의사들을 국가가 관리해야 한다는 것이다. 과거에 사제들이 영혼을 보살폈듯이 지금은 의사들에게 육체를 보살피게 하고, 그 의사들을 마치 종교적 교단처럼 국가가 조직한다는 것이다.

두 번째는 아예 질병이 생겨나지 않도록 완전히 깨끗한 사회를 만드는 것이다. 가난한 사람들의 질병은 불결한 생활환경의 소산이고, 부자들의 질병은 방탕한 생활의 소산이므로 그 원인만 제거하면 사회에서 질병은 사라질 것이라고 그들은 믿었다.

이런 계획을 구체화시키기 위해 모든 낡은 방식을 철폐했다. 대학은 엘리트의 보루로 간주되어 폐교 조치되었고, 병원은 돈만 낭비하는 곳으로 여겨져, 역시 강제로 폐쇄되었다. 환자는 자기 가정에서 가족들에게 둘러싸여 있을 때 더 잘 치료를 받을 수 있다는 것이 그 이유였다. 병원의 재산은 압수되어 은행에 예치되거나 빈민구호기금이 되었다.

그러나 아무리 해도 환자는 없어지지 않았다. 그리고 끊임없는 외국과의 전쟁에서 부상병도 속출했다. 어쩔 수 없이 의사는 필요했다. 군의관이 필요했으므로 아무에게나 약간의 훈련을 시켜 현장에 투입했다. 이 사람들이 제대하여 민간인이 된 후 상관의 감독 관리가 없는 상태에서 수많은 실수를 저질렀다.

실제로 프랑스 중부의 크뢰즈(Creuse) 지역에서 돌팔이 의사가 몇 명을 죽게 한 사고가 기록되어 있다. 사태가 이 지경에 이르자 무슨 조치를 취해야만 했다. 대학교육을 받은 의사들이 은밀하게 학생들을 가르치기 시작했다. 병원들이 새롭게 지어졌으며, 모두 새로 세워진 대학과 연계되었다. 이것은 교육이 실제 의료 행위와 연결되어 있음을 의미한다. 임상의학은 의사자격증 취득을 위한 중요한 기초가 되었다. 그런데 이 자격증 취득은 점점 더 어려워졌다.

자연히 의과대학 교수는 매우 유력한 인사가 되었다. 동시에 그는 많은 위험 부담도 안고 있었다. 환자를 진찰하는 동시에 학생들을 교육했으므로, 사소한 실수라도 학생들의 눈에 띄었기 때문이다.

환자들은 학생을 대동한 의사의 회진을 국가에 대한 자신의 봉사의 일부로 받아들였다. 자신이 병으로 죽을지라도 인류의 지식에 뭔가 보탬을 주고 죽으므로 아주 고귀한 죽음이 될 것이라고 생각했다.

새로운 이미지로 떠오른 임상의학적 실험은 새로운 공간을 탐험하기 시작했다. 새로운 공간이란, 인체라는 촉각적인 공간이다. 인체는 많은 비밀과 보이지 않는 상처와 기원의 신비를 감추고 있는 불투명한 덩어리이다. 과거 히포크라테스식의 징후의 의학은 조금씩 후퇴하여 장기(臟器), 병소(病巢), 병의 원인 같은 개념들 앞에서 완전히 사라지고, 결국 임상의학이 새롭게 떠올랐다. 비샤의 시대가 된 것이다.

의학 공부의 장으로서의 진료소에서 특정 질병의 환자들은 모두 한 병동에 모아졌다. 증상이 특이하면 할수록 환자는 더욱 더 흥미로운 존재가 된다. 그러나 아이러니하게도 질병의 공간적 배치와 함께 환자의 인간적 존재는 전혀 중요하지 않게 되었다. 환자는 질병의 우연한 증상으로서만 존재할 뿐 그의 개인적 존재는 관심 밖으로 밀려났다. 환자의 질병에만 관심을 갖는 의사-교수들이 한 병동에서 다른 병동으로 그 전지적(全知的) 시선을 번뜩이며 돌아다녔다.

'보는' 눈, '말하는' 눈

시선은 우선 환자의 관찰에서 시작된다. 의사는 각 환자에게 알맞은 치료법을 찾아주기 위해 그의 사례를 객관적이고 완벽하게 파악하고, 개인적인 기록과 정보를 수합한다. 마치 천문학자가 별들을 관찰하고, 과학자들이 연구실에서 실험을 하듯, 환자를 '관찰'하는 것이다.

푸코가 '바라봄'(regard, gaze)이라고 불렀던 이 능동적인 시선이 의학에서 절대적인 수단으로 격상된다. 의사의 지각 작용은 열쇠와도 같아서, 관찰을 열심히 하는 의사는 실수를 하지 않는다. 그러니까 '보는' 행위야말로 완전한 의사를 만들어준다. 이것이 의사에 대해 내려진 초기의 정의였다.

관찰의 결과는 곧 언어로 표현된다. 임상의학의 방법과 과학적 규범이 정착되는 동안 하나의 위대한 신화가 탄생했으니, 그것은 바라보는 것 자체가 그대로 하나의 언어라는 신화였다. 모든 가시성이 언어적이고, 또한 모든 언어적인 것은 가시적이라는 생각이었다.

하기는 인간의 담화행위 중 대부분이 우리가 뭔가 새로운 어떤 것을 보았을 때 그것을 말로 옮겨 놓는 경우이다. 아무것도 보지 못하면 아무것도 말할 수 없다. 정보의 80%를 시각을 통해 얻는다는 현대 인지과학의 조사 결과도 있고 보면 '바라봄'이 곧 '언어'라는 가설은 상당히 설득력이 있다. 그러니까 눈은 단순히 '보는 눈'이 아니라 '인식하는' 눈이고, '말하는 눈'이다.

그런 의미에서 임상의학은 말과 광경 사이에 절묘한 균형을 이루고 있었다. '보이는 것'과 '보이지 않는 것' 사이의 분할은 그대로 말과 침묵 사이의 분할이 될 것이다. 그러므로 시선은 '보는' 시선일 뿐만 아니라 '말하는' 시선이기도 하다.

더 많은 것을 더 잘 보게 될 때 그 눈은 말하고 가르치는 언어가 될 것이다. 이 시선 밑에서 반복과 집중을 통해 그려지게 될 진실은 아직 그것을 보지 못하고 알지 못하는 사람들을 위한 교육의 자료가 될 것이다.

이렇게 해서 '말하는 시선'은 사물의 하인이며 진실의 주인이 되었다. 진실이 드러나는 장소는 바로 진실을 인식하는 장소가 된다. 그러므로 과학으로서의 임상의학과 교육으로서의 임상의학 사이의 질적인 차이는 없다. 스승과 제자로 구성된 한 그룹이 형성되고, 그 그룹 안에서 인지하는 행위와 인식하려는 노력이 동일한 움직임 속에서 완성된다. 의학 실험은 더 이상 아는 자와 모르는 자 사이에 나뉘어져 있는 것이 아니라 폭로하는 사람과 그것을 바라보는 사람들로 나뉘게 된다.

시선의 주권

이미 17세기부터 데카르트와 말브랑슈(Nicolas Malebranche, 1638-1715)에게 있어서 '본다'는 것은 곧 '인식'(percevoir)한다는 것을 의미했다. 그러나 시선이 단순히 인식의 수단이 아니라 절대적 주권의 자리에 오른 것은 대혁명에 이르러서였다. 빛 속에서 자유가 생겨나고, 어둠 속에서 전제정치가 싹튼다는 은유를 통해서였다.

"전제정치는 어둠을 필요로 한다. 그러나 영광으로 빛나는 자유는 인간을 비추는 빛에 둘러싸여서만 생존할 수 있다. 전제정치는 오로지 사람들이 잠자는 동안에만 성립되어 인민들 사이에 정착된다"라고 부아시 당글라(Boissy d'Anglas, 1756-1828)는 혁명력 2년(1794년) 국민공회 보고문에서 말하고 있다.

눈은 명징성의 근원이며 수탁자이고, 진실을 세상에 드러내는 힘을 갖고 있다. 《성경》에는 "눈은 몸의 등불이니 그러므로 네 눈이 성하면 온 몸이 밝을 것이요, 눈이 나쁘면 온 몸이 어두울 것이다"(마태복음 6장)라는 구절이 있다. 눈의 중요성을 말하기 위해 등불의 비유를 하고 있는 이 구절처럼, 막강한 힘을 가진 눈도 빛이 없으면 볼 수가 없다. 그러므로 빛은 시선의 절대적인 조건이다.

빛 속에 드러난 사물들이 곧 진실이다. 플라톤 이래 빛은 이데아의 본질이며, 사물의 근원으로 여겨지고 있다.

그러나 또 한편 진실은 빛에서 나오는 것이 아니라 시선에서 나온다. 빛이 있어도 사물을 바라보는 시선이 없으면 진실은 발생할 수 없다. 시선은 사물들을 천천히 가로지르고 조금씩 포위하여 오로지 자신의 명징성만으로 그 속에 침투해 들어가, 어두운 핵 속에 들어 있는 진실을 밝게 드러낸다.

어두운 부분을 서서히 비추어, 본질을 세심하게 읽고, 시간과 기회를 신중하게 잰 후 마침내 핵심을 장악하는 시선은 가부장권에 버금가는 엄청난 권력이다. 어둠의 구석구석을 비추는 자유의 빛은 다름 아닌 사회 전체를 내려다보는, 거대하게 확대된 큰 눈의 시선일 것이다. 이 거대한 눈이 감시를 하는 한 전제정치는 끼어들 틈이 없다는 것이 혁명가들의 생각이었다. 가히 시선의 주권이라 할 만하다.

'아는 눈', '지배하는 눈'

정치만이 아니라 의학 구조의 개혁에 있어서도 자유의 빛이 진실을 드러낸다는 시선의 이데올로기가 대세를 주도했다. 프티(M.-A. Petit, 1766-1811)는 《병원에서의 자선사업 행사 방식에 대한 시론》(1797)에서 "과학을 시각화해야 한다"고 주장했다.

시선의 가시권 밖에 있는 것은 앎의 영역 밖으로 제외되었다. 과거의 수많은 과학적 방법들이 거부된 것은 바로 그런 이유 때문이었다. 그동안 앎은 소수의 전문가들에게만 허용된 어둠의 왕국이었다. 이제 혁명과 함께 빛의 위풍당당한 폭력이 특권적 앎의 왕국을 파괴하고, 칸막이 없는 시선의 제국을 건설했다.

모든 장애물에서 해방된 자유로운 시선은 오로지 진실의 직접적 법칙에만 복종한다. 그러나 시선은 복종하기만 하는 것이 아니라 자신의 주인인 사람들을 지배할 줄도 안다. 진실에 충실하고 진리에 복종하는 시선은 이렇게 해서 절대적 통제권을 확보했다. 바라보는 시선은 지배하는 시선이다. 눈은 이제 '말하는 눈'일 뿐만 아니라 '아는 눈', '결정하는 눈', '통치하는 눈'이 되었다.

시선에 의존하는 것은 물론 의학이 처음은 아니었다. 박물학도 시선에 많이 의존했다. 그러나 박물학과 달리 의학적 시선은 전혀 새로운 방식으로 조직되었다. 우선 그것은 더 이상 이름 없는 불특정의 관찰자의 시선이 아니라 막강한 권한을 가진 의사의 시선이었다. 한 사회의 제도에 의해 지지되고 합법화된 사람의 시선이며, 막연히 눈에 보이는 것을 확인하는데 만족하는 것이 아니라 결정과 개입의 권한까지도 갖고 있는 그러한 시선이었다.

하지만 질병에 대해서 알려진 것은 너무나 부족했고 우리 눈에 드러나지 않는 것은 너무나 많았다. 여기서 시체해부의 필요성이 대두되었다.

시체를 해부하라

계몽시대가 오자 죽음도 명석하게 밝혀져야 한다고 사람들은 생각하게 되었다. 우리말로 '계몽(啓蒙)'이라고 번역되는 프랑스어의 Lumière는 '밝은 빛'이라는 뜻이다. 철학이 계몽된 민중 속으로 횃불을 높이 쳐들었을 때 마침내 의학 분야에서도 인간의 유해(遺骸) 속으로 탐색하는 시선이 들어가게 되었다.

"지난 20년간 그대들은 아침부터 밤까지 환자의 옆에서 꼼꼼히 기록했다. (…) 그러나 아직도 증상은 모호하기만 하여, 그대들에게 어떤 의미를 가르쳐 주기는커녕 상호 연관성이 없는 일련의 계속적인 현상만을 보여줄 뿐이다. 그러니 시체를 해부해보라. 그러면 외부적 관찰이 걷어내지 못했던 어둠이 당장에 걷혀지는 것을 볼 수 있을 것이다.”

초기의 해부학자 자비에 비샤가 1803년에 학생들에게 한 말이다. 의학적 시선은 더 이상 살아있는 사람에 대한 시선이 아니고, 죽음을 바라보는 눈의 시선이다. 삶을 헤집는 거대한 흰 눈이다.

의학은 해묵은 주요 장애물, 즉 시체해부에 대한 금기를 천천히 신중하게 걷어냄으로써 그 과학적 근원에 접근할 수 있었다. 초기의 병리 해부학자들은 저주를 감수하고, 불법적인 지식의 위험을 무릅쓰며 금기의 문턱을 넘나들었다. 그들은 사자(死者)에 대한 두려움에 떨며 어스름한 어둠 속에서, 동트기 직전, 혹은 해가 진 후 땅거미 속에서 시체를 해부했다. 발살바(Antonio Maria Valsalva, 1666-1723)는 묘지에 몰래 들어가 인체가 부식되는 과정을 천천히 살펴보았고, 모르가니(Giovanni Battista Morgagni, 1682-1771)는 무덤을 파헤쳐 관에서 탈취한 시체에 수술용 칼을 들이대었다.

비샤는 단순히 의학을 죽음의 공포에서 벗어나게 하는 일 이상을 했다. 그는 죽음을 전체적인 개념의 한 부분으로 통합시켰다. 서구 의학사의 거대한 단절은 임상 실험이 임상-해부학의 시선으로 변한 순간부터 정확히 시작되었다고 푸코는 말한다.

의사는 한 사람의 외부는 물론 내부도 볼 수 있게 되었다. 그리고 그의 막강한 힘은 추상적인 이론이 아니라 눈으로 뭔가를 바라보는 방식에서 나오는 것이었다.

시체를 해부함으로써 의학은 신체의 모든 부분을 과학적인 시선에 복속시켰다. 질병은 정확히 육체와 연결된다. 그리고 그 논리적 분류는 해부학에 의해 이루어진다. 이제부터 시선은 자신이 당당하게 차지한 권력을 진실에 대해 행사하기만 하면 되었다.

과거에 더러운 벌레 먹이에 불과했던 유해는 가장 유용한 진실의 풍요로운 근원이 되었다. 시체로서는 멋진 전환이다. 과거에는 잘 보관되고 있었지만 고작 음울한 존경심에 의해 어둠 속에서 부식(腐蝕)하고 있었을 뿐이다. 지금은 훼손되었지만 명료한 진실을 제공하는 긍정적인 역할을 맡고 있다. "유충이 만들어지는 곳에서 앎이 고치를 잣는다"고 푸코는 절묘한 은유를 썼다.

감추고, 감싸고, 진실을 가리는 어둠의 장막은 역설적이게도 죽음이 아니라 삶이다. 갑자기 눈이 신체의 내부를 들여다 볼 수 있게 되고, 모든 질병이 우리 눈에 보이게 되자 과거에 어둠으로 여겨졌던 죽음은 진리의 밝은 빛이 되었고, 과거에 환한 빛으로 여겨졌던 생명은 온통 무지에 둘러싸인 어둠으로 간주되었다. 죽음은 시체라는 검은 궤를 환한 빛 속에서 열어 보인다. 그리하여 죽음의 빛 앞에서 생명의 어둠이 밝아왔다.

어두운 삶과 투명한 죽음, 서구 사회의 해묵은 상상은 여기서 반대 방향으로 서로 엇갈린다. 이것이 바로 병리 해부학의 방향이었다. 이제 가시적인 것이 완전히 종주권을 갖게 되었다. 원래 죽음이 갖고 있던 음험한 권능을 가시적인 것과 연결시킴으로써 그 힘은 더욱 더 견고해졌다. 19세기의 의학은 삶을 시체화 하는 이런 절대적 시선을 강박적으로 추구했고, 시체 안에서 삶의 편린들을 발견했다. 그리고 이 참을성 있는 시선에게 의학만이 아니라 모든 과학적 인증의 일반 형식을 부여했다.

시체해부는 물론 18세기 계몽주의 시대에 새롭게 등장한 이야기가 아니다. 종종 푸코가 자신의 가설을 정당화하기 위해 설정한 역사적 시기가 오류라는 것을 역사학자들 지적하곤 하는데, 계몽주의 시대와 시체해부를 연결시킨 부분도 역시 시대 설정의 오류라는 것이 학자들의 지적이다. 18세기에는 이미 시체해부의 어려움이 없었다는 것이 역사학계의 정설이기 때문이다. 17세기 렘브란트(Rembrandt Harmenszoon van Rijn, 1606-1669)의 그림에도 시체해부 장면이 있는 것을 보면 푸코의 시대 설정이 오류임을 짐작할 수 있다.

그러나 시체해부를 의학 교육의 중심이라고 선언한 것은 18세기 고유의, 매우 새로운 현상이라 할 수 있다. 특히 시체해부와 임상의학의 모든 현상을 시선의 문제로 수렴시킨 푸코의 독창성은 시대 설정의 오류에도 불구하고 인식론의 역사에서 독보적인 빛을 발하고 있다.

죽음과 시선

질병은 예전에 우연적인 것으로 간주되었으나 18-19세기부터는 삶과 죽음을 잇는 항구적이고 유동적인 관계가 되었다. 사람이 죽는 것은 병에 걸렸기 때문이 아니라 인간이라는 존재가 반드시 죽어야 하는 존재이기 때문이다. 인간에게 질병이 생기는 것 역시 인간의 유한성 때문이다.

질병에 대한 관념이 바뀌면서 죽음에 대한 분석도 두 개의 층위로 나뉘었다. 그 하나는 죽음이 삶을 바라볼 수 있는 절대적 시점이라는 것, 두 번째는 죽음이 삶의 진실의 봉인을 여는 수단이라는 것이다. 예전에 질병은 자연이면서 반-자연이었다. 질서정연한 자연적 현상이지만 한편으로는 자연적인 생명을 훼손했기 때문이었다.

비샤에서부터 질병은 삶과 죽음을 융합하는 역할을 하게 된다. 물론 병리 해부학 이전에도 건강에서 질병으로, 그리고 질병에서 죽음으로 이어지는 길은 익히 잘 알려져 있었다. 그러나 이 관계는 한 번도 과학적으로 사유되거나 의학적 지각 속에서 구조화된 적이 없었다.

이제부터 의학적 사유에서 죽음은 가장 상대적이며 동시에 절대적인 현상이 되었다. 죽음은 생의 종말이며 질병의 종말이기도 했다. 죽음은 한계이고, 여기서 진실은 완수되거나 돌파되었다. 생명, 질병, 죽음은 개념적으로 삼위일체가 되었다. 생명 안에 질병의 위협을 넣고, 질병 안에 임박한 죽음을 넣던 수천 년간의 강박증은 종식되었다. 그 대신 세 항목이 동등하게 연결되어 정삼각형을 이루고 그 윗부분의 꼭짓점이 죽음이었다.

의학은 근대인에게 자신의 유한성에 대한 강박감을 주었지만, 의학 안에서 죽음은 반추되고, 동시에 회피되었다. 가르디아는 건강이 구원을 대체한다고 말했다. 의학은 인간의 안에 들어있는 유한성을 가차 없이 예고하고 있지만 동시에 그 유한성의 충만하고 실증적인 모습을 또한 보여 주었다. 시선의 중요성이 대두되고, 임상의학자들이 시체해부를 최종적이며 결정적인 심급이라고 생각한 것도 죽음이 모

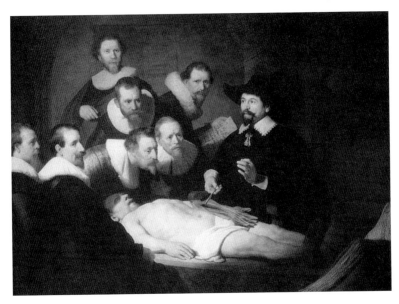

렘브란트, 〈툴프박사의 해부학 수업〉
Rembrandt, The Anatomy Lesson of Doctor Tulp, 1632

든 것을 완결하는 가장 중요한 계기라는 인식에서였다.

　죽음에 대한 관념의 변화와 함께 시체해부의 중요성이 대두되었지만, 동시에 시체해부와 함께 죽음의 관념도 바뀌었다. 이때까지 순전히 부정적인 이미지를 띠고 있던 죽음과 질병이 우리 삶의 아주 중요한 요소가 되었다. '죽음은 삶의 결손이 아니라 삶의 축적'이라는 인식이 정착되었다. 과거에 의사들은 영원불멸이라는 거대한 신화 혹은 손에 잡히지 않는 존재의 한계와 대화했다. 18-19세기에 이르러 인간의 삶을 관장하는 의사들은 시선이라는 연약하면서도 견고한 형태로 죽음과 대화하기 시작했다.

개인에게 관심을 갖기 시작한 의학

과학이 개인에게 관심을 기울이기 시작한 것도 죽음을 통해서였다. 원래 과학은 일반 원칙에만 초점을 맞출 뿐 개별적 상황에는 관심이 없었다. 뉴턴(Sir Isaac Newton, 1643-1727)은 자기 머리 위에 떨어진 특정 사과에 사유를 집중시킨 것이 아니라, 떨어지는 모든 사과, 모든 사물에 적용될 원리를 세웠을 뿐이다.

그러나 이와 같은 일반적인 원리의 과학은 인간을 다루는 데에는 부적절할 수밖에 없다. 사과에 대해서는 지극히 추상적인 사고를 할 수 있지만 인간이 문제가 될 때는 실제적인 개인을 생각해야 하기 때문이다. 18세기 말 19세기 초에 이르자 많은 과학들이 인간에 초점을 맞추기 시작했다. 이름하여 인문과학이다. 경제학, 인류학, 언어학, 심리학 등이 새로운 학문으로 떠올랐다.

의학은 다른 인문과학들보다는 좀 더 정밀과학에 가까운 학문이지만, 여하튼 인간을 다루는 인간과학이었다. 임상의학 연구는 얼굴을 바라보는 응시, 말없는 육체에 꽂히는 순간적 시선으로 구성되어 있었다.

응시와 얼굴, 시선과 육체 사이의 이 접촉은 아직 때 묻지 않은 모든 순수 언어의 전제 조건이다. 임상의학 덕분에 서구 역사에서 처음으로 구체적 개인의 모습이 합리적인 언어에 의해 드러나기 시작했다. '주체'가 담론의 '대상'이 될 수도 있다는 가능성이 인식론의 역사에 처음으로 등장한 것이다.

의학적 시선은 개인에 대한 확고부동한 성질을 정립함으로써 인식론의 역사에서 처음으로 개인의 창설자가 되었다. 인류는 마침내 개인에 대해 과학적 차원의 담론을 정립할 수 있게 되었다. 인간과 자기 자신, 그리고 언어와 사물 간의 관계에서 이것은 엄청난 사건이었다.

의학에서의 이러한 개인화 현상은 흔히 의학적 휴머니즘의 전개라는 것이 통설이다. 그러나 모든 기존 관념을 전복한 푸코는 이것도 휴머니즘의 발로가 아니라 시선의 권력화와 상관이 있는 것이라고 생각한다.

7

권력의 시선,
시선의 권력

공개형이 그것을 구경하는 사람들에 의해 역전되는 사례가 빈번히 일어났다.
권력자들은 매도당하고 사형집행인이 모욕을 당하거나 돌팔매질을
당하곤 했다. 이것이 공개형 폐지의 숨은 원인이었다.
일본의 시민운동가 야마구치 다카시가 1994년에 펴낸
《윤봉길 암장의 땅, 가나자와》에서 보면 일본군은 원래 윤 의사를
홍커우공원에서 공개처형 하려 했으나 민중의 봉기를 우려해
가나자와로 데려가 사형을 집행했다고 한다.

잔혹한 이야기

떠들썩한 힘의 과시가 전근대적 권력의 특징이라면, 이러한 전근대적 권력행사의 전형은 왕조시대의 공개처형이다. 푸코가 인용한 왕조시대의 잔인한 공개처형은 너무나 끔찍하여 한 번 읽기도 고통스럽지만 학문의 냉정함으로 그 중 세 건을 옮겨 보기로 한다. 하나는 16세기 오렌지 공(公) 기욤(Guillaume, 16세기 오렌지 공국의 태수)의 시해범에 대한 고문 장면이고, 두 번째는 17세기 교황청에서 일어난 일, 또 하나는 18세기 루이 15세의 시종이었던 다미엥의 고문 장면이다.

오렌지 공 기욤이 살해되었을 때 권력은 그에 맞먹는 잔인한 고문으로 대응했다. 1584년 오렌지 공 기욤의 살인범은 18일간 고문당했다. "첫날에는 끓는 물솥이 있는 광장 에 끌려가 자신이 칼질한 팔뚝을 물속에 담갔다. 다음날에는 팔이 잘려나갔고, 발아래 떨어진 팔을 그는 처형대 위에서 아래로 발로 찼다. 셋째 날에는 가슴과 팔이 불로 지져졌다. 넷째 날에는 뒤로 엉덩이와 팔이 불로 지져졌다. 이렇게 연달아 그는 18일간 고문당했고, 마지막 날에 꽉 조이는 죄수복을 입고 차열형(車裂刑)에 처해졌다. 6시간 후에 그는 아직도 목숨이 남아 물을 청했으나 사람들은 그에게 물을 주지 않았다. 마침내 그의 영혼이 절망하지 않도록 목 졸라 생명을 끊어줄 것을 요청받은 형사 대리관이 그렇게 했다."

교황청이 프랑스의 아비뇽에 있던 17세기말 아비뇽의 판례에는 한 이단자의 처형장면이 기록되어 있다. 사형수는 눈이 붕대로 가려진 채 기둥에 매였다. 처형대 주위에는 쇠갈고리가 달린 말뚝들이 세워졌고, 참회신부는 속죄자의 귀에 대고 속삭였다. 신부가 은총을 내린 후 형리는 도살한 가축을 뜨거운 물에 담글 때 쓰는 거대한 쇳덩이를 온 힘을 다하여 사형수의 관자놀이에 찔러 넣었다. 그러자 그는 쓰러져 죽었다.

그런데 고문이 시작된 것은 바로 이 죽음 직후부터였다. 기록은 이렇게 전하고 있다. "죄수가 쓰러져 죽은 후 바로 그 순간에 형리는 커다란 칼을 들고 그의 목을 내리쳤다. 그는 온 몸이 피로 뒤덮였고, 그것은 보기에도 끔찍한 장면이었다. 두 발뒤꿈치에서부터 신경 줄을 쪼개고, 이어서 배를 가르고 심장, 간, 비장, 허파를 끄집어내어 그것을 쇠갈고리에 낀 후 마치 짐승의 그것을 손질하듯 잘게 잘랐다. 볼 수 있는 자는 볼지어다."

대상이 죽어 없어진 그 순간에 시체에 가혹행위를 하는 이런 의식은 권력의 진정한 의도가 죄인의 처벌 그 자체나 범죄의 속죄가 아니라 영원한 형벌권의 과시적 의식이라는 것을 잘 보여준다.

세 번째 예는 1757년 파리 성당 정문 앞에서 벌어진 대역죄인 다미앵의 고문장면이다. 루이 15세의 시종이었던 다미앵은 왕의 의무를 일깨우기 위해 칼끝으로 왕의 어깨를 살짝 친 죄로 공개 사죄 판결을 받았다.

속옷만 입은 채 2파운드의 밀랍 횃불을 들고 사형수 호송차에 실려 그레브 광장에 도착한 그는 처형대 위에서 가슴, 팔, 넓적 다리, 종아리 등이 벌겋게 달궈진 집게로 지져졌고, 왕을 내리쳤을 때 사용했던 칼이 들려진 오른 손은 유황불에 태워졌으며, 살점이 찢겨나간 신체 부위들에는 끓는 기름, 타는 송진, 그리고 유황과 밀랍의 혼합물이 뿌려졌다. 이어서 그의 몸은 네 마리 말에 사지가 묶이는 차열형에 처해져 사방으로 찢겨졌다. 조각난 사지와 몸뚱이는 불에 태워졌고, 그 재는 바람에 뿌려졌다.

목격자들의 이야기는 더욱 더 잔혹하다. 벌겋게 달구어진 집게로도 몸의 살점을 떼어내기가 쉽지 않았고, 그의 몸을 사방으로 끌고 가 사지를 절단하게 되어 있는 말들도 전혀 일을 제대로 수행하지 못해서 사형 집행자들이 그의 몸을 칼로 잘라내어야만 했다는 것이다. 사지가 절단된 다미앵의 몸은 불에 던져질 때까지도 살아 있었다고 한다.

몸을 경시하던 시대

왜 이토록 끔찍한 고문이 자행되었을까? 루셰(G. Rusche)와 키르크하이머(O. Kirchheimer)는 《징벌과 사회구조(Punishment and social structures)》(1939)에서 이것을 경제 제도나 인구학 같은 역사적 상황과 연관시켜 말한다.

신체형이 맹위를 떨치던 중세 사회에서는 아직 화폐와 생산력이 거의 발전되지 않았기 때문에 신체야말로 사람들이 처분할 수 있는 유일한 재화였고, 따라서 신체에 대한 징벌이 가장 중요한 범죄 억지력이 되었을 것이다. 게다가 아직 산업 사회가 도래하지 않아, 인간의 신체가 노동력으로서의 효용성이나 상품 가치를 갖지 않았으므로 신체를 별로 중요하게 생각하지 않았을 것이다.

또 이 시대는 전염병으로 인해 주기적으로 많은 숫자가 희생되고, 유아 사망률이 높으며, 잦은 기근과 고질적 질병으로 수명이 짧았으므로 사람들은 주위에서 죽음을 일상적으로 자주 접했고 죽음 자체를 친숙하게 생각했을 것이다. 기독교 특유의 가치관도 죽음을 익숙한 것으로 만들었을 것이다. 기독교적 내세관은 비교적 죽음을 두려워하지 않으며, 죽음을 종말이 아니라 영생의 시작으로 보기 때문이다.

신체에 대한 경시와 함께 죽음과의 이런 친숙한 관계들로 인해서 사람들은 잔인한 신체형을 무리 없이 받아들이게 되었을 것이다.

봉건 시대의 형벌과 그 이전 이후의 형벌의 양식을 비교해보면 신체형의 정치·경제학적 의미가 더 확연하게 떠오른다. 고대 노예제 경제에서는 노예가 한없이 필요했으므로 형벌의 주요 기능은 노동력을 제공하는 것이었다. 물론 전쟁이나 교역에 의해 노예들이 확보되기는 했지만 더 많은 노동력을 얻기 위해 별도로 '민간인' 노예를 만들어

왕조시대의 신체형은 모욕
받은 왕의 설욕이고, 군주의
보복행위였다

낼 필요성이 있었기 때문이다. 그러므로 이 시대의 형벌은 강제노동이
었다.

19세기에 들어와 잠시 노예제 시대의 강제노동이 되살아났는데 그
것은 상품 경제의 발달과 함께 노동력이 다시 필요해졌기 때문이다.
구빈원과 감옥들은 완전히 방적공장이나 연마공장으로 변하여 거기
서 강제노동과 형벌적인 수공업이 실시되었다. 그러나 산업혁명이 본
격적으로 진행되면서 노동력의 자유시장이 필요해짐에 따라 강제노
동의 역할은 감소되고 그 대신 교정을 목적으로 하는 구류가 행해지
게 되었다.

처벌의 공포적 성격

범죄는 타인에게 가해진 의도적 손해 또는 사회 전체의 이해(利害)에 대한 침해와 훼손이라고 정의 내릴 수 있다. 그러나 더 좁게 말하면 범죄는 법을 어기는 행위이다. 그런 의미에서 왕조시대의 범죄는 군주를 다치는 한에 있어서만 범죄였다. 왜냐하면 범죄란 법을 침해하는 행위인데, 왕이 곧 법이었으므로 모든 범죄는 왕에 대한 모욕이고, 법 안에 구현된 군주의 의지를 침해하는 것이며, 더 나아가 군주의 인격 자체를 모독하는 것이었기 때문이다.

모든 범죄는 그 직접적인 희생자를 넘어서서 군주를 공격하는 것이므로 결국 범죄는, 그것이 무엇이건 간에 군주의 힘과 육체, 특히 물리적 육체를 침해하는 것이 된다. 모든 범죄는 그러니까 군주의 힘에 대한 대항이고, 군주에 대한 저항이며, 반란이었다. 가장 사소한 범죄에도 왕의 시해의 조그만 단편이 들어 있었다. 따라서 모든 형벌은 사법의 행사라기보다는 차라리 모욕 받은 왕의 설욕이고, 군주의 보복행위였다. 특히 신체형의 진짜 목적은 군주의 복수, 앙갚음, 힘의 반격이었다.

그러므로 왕조시대 도시의 광장에서 벌어졌던 잔혹한 고문과 형벌은 어디까지나 정치적인 행사였다. 그 격렬함과 화려함, 신체에 대한 폭력, 엄청난 힘의 과시, 계산된 의식 등은 모두 정치적 기능을 가지고 있었다. 신체형은 군주가 광장에 수많은 사람을 모아놓고 자신의 권력을 떠들썩하고 호사스러운 형태로 과시하면서 상처받은 군주권을 회복시키는 의식이었다. 범인이 저지른 범죄를 되살려내는 의식을 통해 권력은 온전하게 다시 복원되었다.

고문과 공개 처형의 제도에서 특징적인 것은 동일한 범죄에 동일하게 적용되는 공통의 척도가 없다는 것이다. 그것은 불공정한 일이었으나, 아예 공정, 불공정이라는 개념 자체가 없었다. 범죄와 처벌 사이에는 차라리 시합과 경쟁이 있을 뿐이었다. 이 체계에서 중요한 것은 척도의 법칙이 아니라 과시의 원칙이었다. 과잉 처벌은 과잉 범죄에 대응했고, 오히려 그것을 능가했다. 그러니까 처벌의 행동은 당연히 범죄와 균형을 이루었다. 처벌 쪽이 조금 더 무거웠다. 이 '조금 더'라는 것이 공포였고, 처벌의 공포적 성격이었다.

범죄에 대한 공포가 거기, 단두대 위에 있어야 했다. 이 공포 안에는 폭발하는 군주의 복수가 근본적인 요소로 깔려 있어야 했다. 그리고 이 공포 안에는 모든 미래의 범죄에 대한 위협이 들어 있어야만 했다. 그 위협은 단순히 법의 우월성이 아니라 군주가 가진 물리적 힘의 우월성을 드러내기 위한 일벌백계(一罰百戒)의 힘의 과시였다. 적대자의 신체를 공격하여 그것을 지배하는 군주의 무서운 힘을 과시하기 위해서 처벌은 당연히 잔혹해야 했다.

잔인한 범죄에는 잔인한 형벌로 대응해야 했다. 잔인한 징벌은 그 자체로 잔인한 범죄를 되풀이했는데, 다만 이것은 범죄를 소탕하기 위한 것이라는 말로 정당화되었다. 형벌의 잔인함은 범죄의 잔인함을 타도하기 위한 것으로 간주되었다.

범죄의 처벌이 의식과 잔인함을 곁들인 불균형 속에서 이루어졌으므로 범죄의 크기는 상관이 없었다. 범죄가 아무리 크고 잔인해도 권력은 언제나 그보다 훨씬 컸기 때문이다. 군주의 권력은 아무리 잔인한 범죄라도 언제나 능가할 수 있는 강한 힘이었다. 잔인한 범죄 앞에서 권력은 결코 물러서거나 주저하지 않았다. 권력의 메커니즘은 군주의 의식 안에 거대한 범죄를 흡수하고, 그 안에서 그것을 과시하고, 마침내 그것을 말살할 수 있을 만큼 충분히 강했다.

재판관과 살인자의 역할 전도

음울한 처벌의 축제 행사는 18세기 말과 19세기 초에 유럽 전역에서 사라진다. 거의 모든 곳에서 배심제도가 채택되고, 범죄자 개인에 따라 징벌이 조정되는 경향이 나타났다. 일반 법전이 명문화(明文化)되고 소송절차가 동일하게 정비되면서 법제도가 완전히 바뀌었다. 형벌의 근본 취지도 체형이 아니라 교정(矯正)으로 전환되었다. 체형이 부과된다 해도 징벌은 한층 덜 직접적이 되고, 신체에 고통을 주는 기술도 한층 더 조심스러워졌다. 신체에 가해지는 고통이 있다 해도 그것은 훨씬 부드럽고 유연해졌으며, 그 고통의 현장은 사람들의 시야에서 멀어져 은밀한 행사가 되었다.

이처럼 신체형이 사라진 현상의 중요성은 무엇일까? 형벌의 가혹성이 과거 몇 세기에 걸쳐 완화되었음은 법제도를 연구하는 사학자들이 잘 알고 있는 현상이다. 18세기에서 19세기로 이어지는 동안 신체형에 대한 혐오감이 이구동성으로 표출되고, 형벌이 인간적이 되어야 한다는 주장이 줄기차게 제기되었다.

당대에는 이런 주장들을 '인간화'로 추켜세우는 떠들썩한 미문조

(美文調)의 수사(修辭)가 봇물을 이루었다. 잔혹성이 적을수록, 그리고 고통이 적을수록 유연성이 많아지고 배려도 많아지며 '인간적인 대우'가 커진다는 것이다.

"우리에게 끔찍한 범죄로 제시되는 살인이 (사형 집행인에 의해) 일말의 후회도 없이 태연하게 자행되는 것을 우리는 본다"라는 베카리아 (Marchese di Beccaria Bonesana Cesare, 1738-1794)의 말《범죄와 형벌(Dei delitti e delle pene)》(1764))도 소위 형사제도의 인간화에 기여한 대표적인 견해 중의 하나이다.

그런데 흥미로운 것은 이런 개혁의 출발점에 있는 사람들이 결코 고매한 식견을 가진 학자거나 전제정치를 적대시하는 박애주의적 철학자가 아니며, 고등법원에 대항하는 이념적 사회집단도 아니었다는 사실이다. 그것은 놀랍게도 사법부의 내부에서 제기된 것이었다.

결국 범죄자에게 끔찍한 고문을 가하고 그 현장을 많은 사람에게 공개하여 치욕을 가하는 과거의 형벌이 좀더 유연하게 비공개적으로 바뀐 것은 결코 범죄자의 인권을 위해서가 아니라는 것이 푸코의 생각이다. 겉으로는 순수해 보이지만 내부적으로 의심스러운 여러 가지 미묘한 개정작업은 보다 심층적인 어떤 변화의 당연한 결과라는 것이다.

개혁론자들은 징벌의 의식 자체가 범죄와 수상쩍은 관계를 갖고 있고, 그 야만성에 있어서 범죄의 그것을 능가하지는 않더라도 거의 범죄와 맞먹으며, 구경꾼들에게 범죄를 너무 자주 보여줘 그들로 하여금 잔인성에 길들게 한다고 말했다. 결국 이것이 사형집행인과 범죄자, 재판관과 살인자를 비슷하게 만들어 역할의 전도 현상을 야기하고, 범죄자가 오히려 동정과 존경의 대상이 되는 것을 그들은 우려했던 것이다.

폭동을 유발한 공개처형

신체형이 앞으로 있을지도 모를 범죄의 억지력이 되기 위해서는 사소한 범행이라도 처벌 받을 수 있다는 인식을 사람들에게 심어주어야 하고, 죄인에 대해 크게 분노하는 권력의 모습을 부각시켜야 한다. 그래야만 공포의 효과를 발생시킬 수 있다. 따라서 공개적 신체형의 주인공은 처형당하는 사형수가 아니라 오히려 민중이다. 실제로 현장에서 그들은 처형의 의식을 완성시키는데 꼭 필요한 존재였다.

처형의 날은 카니발과 같은 축제의 날이었다. 사람들은 일을 하지 않았으며, 술집은 만원이 되고, 군중은 광장으로 몰려가 처형 장면을 구경하고, 처형당하는 사람이 누구인지를 직접 확인했다. 사형수는 효수(梟首)되거나 오랫동안 끌려다니며 모욕을 당하기도 하고, 자신이 저지른 죄의 끔찍스러움을 여러 번 주지 받은 후 구경꾼들의 욕설과 때로는 행패를 감수하기도 했다.

범죄에 대한 통치자의 보복 행위 속에는 이처럼 일반 민중의 보복이 살짝 끼어들어 있었다. 통치자는 자기 권력을 과시하기 위해 군중을 불러 모으고, 그들의 폭력행위를 묵인하고, 그것을 국왕에 대한 복종의 표시로 이용했다.

그러나 군중이 처형대 주위에 몰려드는 것은 단순히 사형수의 고통을 목격하거나, 또는 사형집행인의 분노를 자극하여 더 잔인한 고문이 이루어지도록 하기 위해서만은 아니었다. 그들은 이제 아무것도 잃을 것이 없는 막판의 사형수가 재판관을, 법을, 권력을, 종교를 저주하는 목소리를 듣기 위해 처형장으로 나왔다. 죽음에 임박한 사형수는 아무것도 두려울 것이 없으므로 무슨 말이라도 마음대로 할 수 있었다.

자기가 저지른 범죄를 가난 탓으로 돌리고, 하늘을 비난하고, 재판관들의 야만스러움을 비판하고, 그들을 수행하는 사제를 저주하고, 사제가 그 대변인으로 되어 있는 신을 모독하는 일이 다반사로 일어났다. 그러면 구경꾼들은 그에게 환호성을 보냈다. 18세기 영국의 작가이며 신문기자인 헨리 필딩도 "사형수가 떨고 있는 모습을 보고도 사람들은 그것을 부끄러움이라고 생각하지 않는다. 그가 의연한 모습을 보일 때면 더욱 더 그러하다"라고 처형 장면을 묘사했다.

사실 대규모 형벌의 구경거리가 그것을 구경하는 사람들에 의해 역전될 위험이 있다는 것은 잘 알려진 사실이었다. 신체형의 무서운 광경이 화톳불처럼 구경꾼의 난동에 불을 질렀다. 권력자들은 매도당하고, 사형집행인이나 치안을 맡은 병사들이 모욕을 당하거나 돌팔매질을 당하곤 했다. 사형수를 구출하기 위해, 혹은 그의 죽음을 좀더 안락하게 해주기 위해서 군중이 사형수를 탈취하는 일도 있었다.

처음에 공개 처형은 군주의 막강한 권력을 과시하는 일종의 카니발이었으나 시간이 흐르면서 그 역할이 전도되어 권력은 조롱되고 범죄자는 영웅이 되었다. 끔찍한 고문 장면이 죄수에 대한 동정심을 유발시키는 측면도 있었을 것이다. 더 이상 금지된 것 없고 더 이상 처벌의 두려움이 없는 죄수가 죽음 앞에서 함부로 내뱉는 말이 그들의 공감을 불러 일으켰을 수도 있다.

여하튼 범죄자의 용기와 눈물과 절규는 사람들의 마음속에 법에 대한 의심을 싹트게 했다. 처음에 범죄자를 향했던 구경꾼들의 분노는 차츰 그 범죄를 유발시킨 사회적 모순이나 권력의 압제 같은 것으로 방향을 틀었다. 수형자에게 가해진 치욕이 동정이나 영광으로 역전되면서 사형 집행인의 합법적인 폭력이 오히려 불명예스러운 행위로 여겨졌다. 이것은 권력에게 매우 위험한 현상이었다. 공개적인 사형집행의 장소가 폭력이 재연되는 온상이 되었기 때문이다.

18-19세기의 개혁론자들은 결국 공개 신체형이 민중을 위협하는 수단이 되지 못한다는 것을 깨닫게 되었다. 공개 처형제도의 폐지는 이렇게 해서 이루어졌다.

처벌의 축제가 사라지다

유사한 죄가 다시 저질러지지 않도록 하기 위해 형벌은 공개되어야 했고, 또 잔인하면 잔인할수록 좋았다. 그러나 이 공개적인 행사에는 많은 비용이 들었다. 유황불을 마련하고 차열형(車裂刑)에 쓰일 말을 준비하는 등의 직접적인 비용과 온 시민이 하루 생업을 포기한데 대한 간접적인 비용 등의 경제적 비용은 말할 필요도 없다. 더 중요한 것은 구경꾼으로 동원된 시민들의 저항 가능성이라는 정치적 비용이었다.

혐오스러운 범죄와 막강한 권력을 보여주어야 할 처형의 의식이 오히려 민중으로 하여금 처벌받는 사람과 진한 동질감을 느끼게 하는 사태는 심각한 정치적 위협이 아닐 수 없었다. 민중은 잔인한 고문 장면을 보며 자신들도 절대 권력에 위협당하고 있다는 불안감을 갖게 되었다. 신체형은 과잉 권력이었다.

권력은 결국 신체형이 민중을 위협하는 방법이 되지 못한다는 것을 간파하고, 재빠르게 전략을 수정했다. 이때부터 음울한 처벌의 축제 행사는 완전히 사라졌고, 권력은 떠들썩한 과시에서부터 은밀한 영역으로 몸을 숨겼다. 처벌을 구경거리로 삼던 방식은 국왕의 폭력과 민중의 그것이 서로 동등하게 대립하는 순간 소멸되었다.

최근에 한국에서도 도입했지만, 서구 국가들이 재판 관련 보도에서 재판정의 광경을 사진촬영이 아니라 그림으로 처리하는 관행도 이런 역사와 무관하지 않을 것이다. 체포 직후의 흉악범에게 마이크를 들이대어 사회에 대한 불만을 마구 쏟아놓게 하는 우리나라의 보도 관행은 권력행사의 영역에서도 한참 후진적이라는 인상을 지울 수 없다.

공개 처형제도의 폐지가 형벌의 인간화나 인도주의적 기원을 갖고 있지 않다는 것을 푸코의 계보학은 이처럼 명쾌하게 보여주고 있다. 많은 법률사가들이 휴머니즘의 진보라고 칭송해 마지않는 신체형의 폐지에서 푸코는 죄수에 대한 인권 신장이 아니라 한계에 부딪친 권력 기술의 전략을 건조하게 읽어낸 것이다.

공개형을 대체한 일과표

19세기도 30년쯤이 지난 1838년에 레옹 포셰(Léon Faucher, 1803-1854)는 《감옥 개혁에 대하여(De la réforme des prisons)》에서 파리 소년

감화원의 규칙을 다음과 같이 전해 준다. 다소 지루하지만 일과표의 꼼꼼함을 보여주기 위해 인용해보기로 한다.

"재소자의 일과는 겨울에는 오전 6시, 여름에는 오전 5시에 시작된다. 노동시간은 계절에 관계없이 하루 9시간으로 한다. 하루 중 2시간은 교육에 충당한다. 노동과 일과는 겨울에는 오후 9시, 여름에는 오후 8시에 끝내도록 한다./ 첫 번째 북소리가 열리면 재소자는 조용히 기상하여 옷 입고, 간수는 독방의 문을 연다. 두 번째 북소리가 열리면 재소자는 침상에서 내려와 침구를 정돈한다. 세 번째 북소리가 열리면 아침기도를 하기 위해 예배실로 향한다. 각 신호는 5분 간격/ 아침 기도, 도덕이나 종교에 관한 독송/ 노동, 첫 번째 빵 배급/ 10시에 노동을 중단하고 마당에서 손을 씻고 반별로 정렬하여 식당으로 간다. 점심 식사 후 10시 40분까지 휴식시간/ 교실로 들어가 읽기, 쓰기, 그림 그리기, 계산하기 학습/ 12시 55분 다시 정렬/ 1시 작업장 도착, 4시까지 노동/ 작업장을 나와 안마당으로 가서 손을 씻고 식당에 가기 위해 정렬/ 5시까지 저녁식사 및 휴식시간, 다시 작업장/ 여름에는 7시, 겨울에는 8시에 작업 종료. 작업장에서 마지막 빵 배급, 교훈적이나 감화적인 내용의 독송, 이어서 저녁 기도/ 여름에는 7시 반, 겨울에는 8시 반에 재소자는 마당에서 손을 씻고 의복의 검사를 받은 뒤 독방에 도착. 첫 번째 북소리가 울리면 옷을 벗고, 두 번째 북소리가 울릴 때 침대에 눕는다. 질서와 정숙을 확인하기 위해 간수들은 각 방의 문을 잠근 후 복도를 순회."

이보다 앞선 1790년에 창설된 미국 필라델피아의 월넛 스트리트 Walnut Street 감옥에서도 죄수들에게 강제노동을 시키고, 규칙적인 일과를 부여했으며, 노동성과에 따라 급료를 지불했다. 죄수들의 생활은 계속되는 감시와 엄격한 시간표에 의해 완벽하게 통제되었다. 하루의 모든 시간은 배분되고, 그 배분된 시간 내에 할 일들이 꼼꼼히 명시되어 있으며, 거기에 의무와 금지의 여러 사항이 부과되어 있었다.

불과 1세기도 채 안되어 떠들썩한 카니발의 형벌은 폐쇄된 공간 속의 차분한 일과표로 대체되었다. 감옥에 가두는 것이 형벌의 주요한 수단이 되었고, 가끔 사형이 있더라도 사람들이 보지 않는 곳에서 비밀리에 행해졌다.

수도원과 감옥

물론 중세 수도원에도 엄격한 시간표가 있었지만, 그것을 지탱하던 원리는 근본적으로 네거티브한 것이었다. 즉 뭔가 생산하는 것이 아니라 뭐든지 불허하고 금지하고 못하게 하며 아무것도 생산하지 않는 것이었다.

그 첫 번째 금지가 게으름이었다. 기독교에서는 시간 낭비를 도덕적 과오이자 경제적 불성실이라고 간주했으므로 나태를 절대적으로 불허했다. 수도원에서 이루어지는 고행이나 훈련은 효용성의 증대보다는 속세의 포기를 목표로 하며, 개인으로 하여금 자기 육체에 대한 통제를 강화하도록 하는 것이었다.

그러나 수도원과 달리 감옥의 특징은 분류와 감시, 그리고 교정이었다. 분류, 감시, 교정은 모두 개인화와 밀접한 관련이 있다. 교정기술은 결국 인간을 개별화시키는 앎의 조직이었다. 1797년부터 죄수들은 네 부류로 나뉘어졌다.

1) 독방감금을 명백히 선고 받은 자, 2) 타락한 도덕심이나 위험한 성격 그리고 비정상적인 성격의 소유자이거나 난잡한 소행이 수감 중에 나타난 자, 3) 판결 전후의 성격과 정황으로 보아 상습적인 범행의 전과자가 아니라고 생각되는 자, 4) 성격이 아직 불확실하여 위의 세 분야에 집어넣을 수는 없지만 특별히 보호관찰의 대상이 되는 자 등이었다.

이것은 저질러진 범죄를 근거로 하지 않고, 오히려 일상적으로 감시되는 개인의 잠재적인 위험을 근거로 했다. 감옥은 여러 종류의 결함과 약점들을 분류할 수 있는 일종의 상설 감시시설이 되었다. 바로 이런 점에서 감옥은 역사상 최초로 앎의 기구가 되었다.

이제부터 중요한 것은 끊임없이 적용되고 반복되는 구속의 도식들이다. 예컨대 시간표, 일과시간 할당표, 의무적인 운동, 규칙적인 활동, 개별적 명상, 공동작업, 정숙, 근면, 존경심, 좋은 습관 등이다. 철저한 시간표에 의한 품행교육, 좋은 습관 길들이기, 신체의 구속은 모두 벌받는 자와 벌하는 자 사이의 특별한 관계를 상정한다. 소위 규율권력이다. 여기서 가장 중요한 것이 감시이다.

정해놓은 규범을 어겼는지를 확인하는 것은 감시를 통해서이다. 감시는 권력의 가장 핵심적인 기제이며, 그것은 규율을 통해 이루어진다. 감시를 통해 사람들의 행동을, 한 집단이 정상이라고 규정한 기준에 맞게 강제하는 것, 그것이 바로 규율적 권력이다.

그런데 감시는 시선을 매개로 한다. 규율은 보고 보이는 가시성의 불균형과 비대칭에 의해 효력을 발생한다. 이제 권력은 군왕 한 사람으로부터 나오는 것이 아니고 총구에서 나오는 것도 아니며 오로지 시선에서 나온다. 이 때 시선의 대상은 개인화된 신체이다. 권력은 노예제 경제에서 민간인 노예를 만들어냈고, 봉건사회에서 신체형을 행했다면, 산업혁명 이후 19세기에는 교정을 목적으로 하는 감금제도를 도입했다.

근대 권력의 탄생

모든 역사학자들이 말하듯 18세기에는 일련의 혁신적인 과학기술과 산업기술이 출현했다. 또 몇 가지 정부 조직 형태가 정의되거나, 혹은 적어도 그것이 도식화 되고 이론화 되었다. 국가 장치와 이 장치에 연관된 기관들이 마련되어 발전되고 완성된 시기이기도 했다. 그러나 푸코는 18세기에 그것들보다 훨씬 더 중요한 어떤 것이 이루어졌다고 생각한다. 그것은 바로 규율이라는 메커니즘이다.

새로운 지배방식으로 떠오른 규율은 신체의 소유관계에 바탕을 둔 노예제와 다르다. 주인의 독자적인 의지와 변덕의 형태로 유지되는 주종관계가 없기 때문이다. 노동의 산물보다 복종의 관례적 표현을 더 중시하는 봉건제도와도 다르다. 노예제와 봉건제는 사람들의 의식이 발달함에 따라 점점 더 고비용 저효율의 제도로 전락했는데, 그 이상의 크고 유익한 성과를 거두면서도 값비싼 노예제의 관계를 벗어날 수 있다는 점이 규율의 세련 이라 할 수 있다.

규율을 근간으로 하는 근대 권력은 조용하고 눈에 띄지 않아 일견 겸손하고 세련된 것처럼 보인다. 그러나 실은 과시적 권력보다 한층 더 교활하고 무서운 권력이다. 이 메커니즘 덕분에 권력은 절대왕정 시대보다 훨씬 저렴한 비용으로 행사될 수 있었다.

광장에 운집한 군중 앞에서 죄수를 공개적으로 고문하고 이어서 잔인하게 죽인 후 시체를 공시하는 근대 이전의 형벌은 민중의 저항, 불만, 반란을 야기한다는 점에서 효율성이 떨어지고, 과잉권력이며, 권력의 낭비였다. 그러나 근대 권력은 이처럼 왕권이나 봉건 권력이 허용할 수밖에 없었던 모든 불법과 불복종의 규모와 수준, 그리고 용량을 줄임으로써 권력의 비용을 현저하게 낮추었다.

원래 수도원에서 시작되었던 규율의 방식은 17세기와 18세기를 거치면서 군대, 학교, 작업장 등으로 확산되었다. 부랑자들과 빈민을 대대적으로 감금했던 구빈원과 예수회 수사들이 운영하던 사립학교들에서 이 방식을 채택했고, 18세기 후반부터 생겨나기 시작한 대량생산의 공장도 수도원이나 성채 혹은 폐쇄적인 도시를 닮아가면서 규율은 지배의 일반적인 양식이 되었다.

규율 제도는 우선 형사제도의 정비에서부터 시작했다. 응징의 기제를 군주의 자의성이나 선의의 원칙에서 분리시켜 모든 사람에게 똑같이 적용되는 절대적으로 필연적이며 숙명적인 일종의 법칙으로 만든 것이다. 그리고 이어서 감시 체계가 도입되었다.

인간을 통제하고 활용하기 위해 세부적인 것을 세심하게 관찰하고 묘사하고 그 자료를 축적 보존하는 기술은 이때부터 생겼으며, 아마도 이러한 사소한 일들로부터 근대적 휴머니즘의 인간이 탄생하게 되었을 것이다.

봉건시대나 절대왕정 시대의 권력 메커니즘은 엄청난 힘의 폭력이었지만 사회 전체에 침투해 들어가지는 못했다. 몇몇 개인의 범죄자들 혹은 한정된 그룹에게만 영향을 미친다는 점에서 그것은 엉성한 그물코와도 같았다. 이 느슨한 성격의 권력 망을 한 점의 구멍도 없이 촘촘하게 조여 사회 전체를 뒤덮는 권력 장치로 대체한 것이 근대 권력의 감시체제이다.

결국 프랑스 대혁명과 그 이후 전개된 일련의 부르주아 혁명은 이와 같은 새로운 권력 기술의 발명에 의해 가능했다는 것이 푸코의 생각이다. 과거에 권력이 의식이나 예식에 의해 불연속적으로 행사되었다면 이제부터 권력은 더 이상 의식을 통해 행사되는 게 아니라 감시와 통제라는 지속적 메커니즘으로 행사되는 것이다.

권력과 몸

신체형의 정치경제학적 의미에서 짚어 보았듯이 인간의 몸은 직접적인 정치의 영역이다. 신체를 공격하고, 낙인을 찍고, 훈련을 시키고, 고통을 주고, 노역을 강제하고, 의식을 강요하고, 여러 가지 기호를 부여하는 등 인류 역사 이래 권력이 표적으로 삼은 것은 언제나 몸이었다. 유혈적이고 폭력적인 왕조시대의 처벌은 몸을 직접 대상으로 삼았고, 18-19세기의 감금과 교정의 온화한 방법은 몸을 간접 대상으로 삼고 있지만 여하튼 권력의 대상은 언제나 몸이었다. 인간의 역사는 육체를 파괴해 온 역사에 다름 아니다.

신체에 대한 정치적 포위는 권력의 과시를 위한 것도 있었지만 대부분의 경우 신체를 경제적으로 이용하기 위한 것이었다. 신체가 지배관계, 권력관계의 대상이 되는 것은 주로 그 경제적 효용성 때문이다.

신체가 노동력이 되기 위해서는 그것이 복종의 체계 속에 들어 있어야만 한다. 신체는 고분고분하게 복종하는 상태이면서 생산적일 때만 유용한 인력이 된다. 아무리 힘이 있어도 순종적이지 않은 육체는 전혀 쓸모가 없다. 신체와 그 체력, 체력의 유용성과 온순함, 체력의 배분과 복종의 관계는 근대 이후 권력의 가장 중요한 전략이 되었다.

그런데 이러한 복종은 폭력이나 이데올로기만으로는 획득될 수 없다. 신체에 물리적 직접적인 작용을 가하더라도 그것은 폭력이 아니라 고도로 계산되고 조직된 기술적 방법이어야 한다. 신체를 공략의 대상으로 삼더라도 그 방식은 섬세해야 하고, 무기를 사용하거나 공포감을 주어서는 안 된다.

여기서 '앎'의 필요성이 대두된다. 신체와 체력, 신체의 이용성과 온순함, 체력의 배분과 복종을 강제력이 아닌 유연한 방법으로 획득하기 위해서는 신체에 대한 고도의 지식이 필요하기 때문이다. 소위 앎-권력의 탄생이다. 학문적인 앎이건 정보 수준의 앎이건 간에 모든 앎은 곧 권력이다.

몸에 대한 앎은 권력의 대상으로서 유순한 신체를 만들기 위한 이론들로 이어진다. 신체란 그저 타고나는 것이 아니라 인위적으로 만

들어지거나 교정될 수 있고, 또 훈련에 의해 순종적으로 되거나, 숙련
될 수 있으며, 근육의 강화로 힘이 증식될 수도 있다는 인식이 18세기
에 널리 확산되었다. 이처럼 유순한 신체를 만들고 교정하는 수단이
다름 아닌 훈육이다.

인간의 몸을 새롭게 발견한 당대의 대표적 사상가는 프랑스의 의사
이며 철학자인 라 메트리(La Mettrie, 1709-1751)이다. 그의 저서 《인간기
계론(L'Homme machine)》(1750)은 정신의 유물론적 환원인 동시에 훈육
에 관한 일반 이론이다. 데카르트의 동물-기계론을 인간에 적용시킨
이 유물론자는 신체란 만들어지고 교정되고 복종시킬 수 있고 변화시
킬 수 있으며 나아가 완벽한 상태로 만들 수 있다고 생각했다. 다시 말
해 신체는 분석 가능하고 동시에 조작 가능하며, 그 두 가능성을 결부
시킬 때 유순한 신체를 얻을 수 있다고 믿은 것이다. 고분고분 순종하
는 신체는 유용한 신체가 될 것이다.

이 시기에 발명된 자동인형은 그 당시 한창 유행이던 인간기계론
의 가시적 실현이었다. 기계장치에 의해 움직이는 이 인형을 사람들
이 경이롭게 바라보며 열광했던 것은 결코 우연이 아니었다. 주인공
이 짝사랑하는 아름다운 여인이 나중에 자동인형으로 밝혀진다는
독일 작가 호프만(E.T.A.Hoffmann, 1776-1822)의 소설 《모래사나이(Der
Sandmann)》(1815)도 결국 자동인형의 이야기이다. 이 시대에 선풍적인
인기를 끌었던 자동인형은 단지 인체를 설명하는 하나의 수단이 아니
라, 일종의 정치적 인형이고, 권력의 축약된 모델이라고 푸코는 말한다.

최초의 로보트 오토마톤

인간이 자기를 닮은 기계 인간을 만들기 시작한 건 16~17세기의 유럽이었다. 매시간 자동으로 튀어나와 종을 치는 '종치기 인형'이 그것이다. 그러나 자동인형을 본격적으로 만들기 시작한 건 18세기였다. 시계 기능공들이 '오토마톤(automaton)'이라는 이름의 정교한 자동 기계 인형을 만들기 시작한 것이다. 스위스의 시계공 피에르 자케-드로(Pierre Jaquet-Droz, 1721~1790)가 제작한 70cm 크기의 오토마톤은, 각기 '작가' '화가' '음악가'라는 이름으로 현재 스위스 뇌샤텔(Neuchâtel) 박물관에 남아 있다. 250년이 지난 지금까지도 여전히 정확하게 작동하고 있다.

3개의 오토마톤 중 '작가'라는 이름의 인형은 실크 천의 금색 바지와 붉은색 벨벳 코트를 입은 다섯 살 정도의 남자아이다. 책상에 앉아 눈동자를 돌리면서 왼손으로 종이판을 잡고 오른손으로 잉크를 찍어가며 능숙한 필기체로 글을 쓴다. 등 뒤쪽을 열면 600개의 기계 부품과 120개의 캠(cam, 회전운동을 왕복운동 또는 진동으로 바꾸는 장치)이 돌아간다. 소문자 26개, 대문자 14개의 알파벳으로 구성된 원형 자판이 있고, 그 위를 캠들이 움직이면서 알파벳을 조합해 문장을 쓴다. 단순한 장난감이 아니라 당대 최첨단 과학기술의 결과다. 이것을 로봇의 기원이라고 해도 틀린 말은 아니다.

자케-드로가 만든 오토마톤을 보고 당시 사람들은 큰 충격을 받았다. 신기하면서도, 동시에 언젠가는 기계가 인간의 능력을 넘어설지도 모른다는 생각에 두려움을 느낀 것이다. 지금 우리가 로봇에 대해 느끼는 뭔지 모를 불안감처럼.

《모래 사나이》

자동인형에 대한 당대 사람들의 두려움은 독일 작가 호프만의 소설 《모래 사나이》에 잘 반영되어 있다. 호프만은 크리스마스 때면 어김없이 공연되는 발레 〈호두까기 인형〉의 원작자이기도 하다. 법관이면서 음악가, 소설가였던 그의 소설들은 오페라, 피아노곡, 발레 등 다양한 예술 작품으로 각색되어 우리를 환상의 세계로 이끈다.

'모래 사나이'는 원래 독일의 전래 동화 주인공이다. 옛날 우리 가정에서 아이 울음을 그치게 하려고, 밖에 호랑이가 있다고 말하는 것처럼, 독일 가정에서는 밤 9시가 지나면 어머니나 유모가 "애들아, 이제 자러 가거라. 모래 사나이 오는 소리가 들린다"라고 말했다. 그 때쯤 찾아오는 아버지의 친구가 층계를 올라오는 둔중한 발걸음 소리라도 들리면 아이들은 "모래 사나이다! 모래 사나이다!"라고 외치면서 정말 모래 사나이가 존재하는 것으로 믿는다.

그 모래 사나이는 잠자지 않는 아이에게 다가와 눈에 모래를 한줌 뿌린다. 눈알이 피투성이가 되어 튀어나오면 모래 사나이는 그 눈알을 자기 아이들에게 먹이려고 자루에 넣어 달나라로 돌아간다. 둥지에 앉아 기다리던 그의 아이들은 올빼미처럼 끝이 구부러진 부리로 아이들의 눈을 쪼아 먹는다고 했다.

이 전래 동화의 모래 사나이는 호프만의 소설에서 어떻게 구현되었을까?

호프만의《모래 사나이》어린 시절 꿈에서 비롯된 트라우마

호프만 소설의 주인공 나타나엘도 어린 시절 어느 날 밤 복도를 지나 층계를 천천히 올라오는 무거운 발소리를 듣고 방에서 몰래 빠져나와 아버지의 방문을 살그머니 열었다. 모래 사나이의 얼굴을 보기 위해서였다. 그런데 그 모래 사나이는 다름 아닌 바로 아버지의 친구 변호사 코펠리우스가 아닌가. 아버지와 코펠리우스는 방 한 구석 화덕에서 빨간 집게로 뭔가를 꺼내어 망치질을 하는데 그것이 점점 사람 얼굴 모습으로 되어 갔다. 그러나 눈이 있어야 할 곳에 눈은 없고 다만 끔찍하게 움푹 파인 검은 구멍이 있을 뿐이었다. "눈을 내놔, 눈을 내놔!" 하며 코펠리우스가 시뻘겋게 타는 숯가루를 불 속에서 꺼내 나타나엘의 눈에 뿌리려 했다. 그러자 아버지가 "선생님! 선생님! 나타나엘의 눈을 빼지 마세요. 제발!"이라고 애원했고, 코펠리우스는 "그래. 눈을 그대로 놔두지"라면서 마치 인형을 다루듯 나타나엘의 손과 발을 이리저리 다시 끼워 넣었다. 소년은 정신을 잃었고, 얼마 후 어머니의 부드럽고 따스한 입김을 얼굴 위에 느끼며 눈을 떴다. 그리고 공포와 경악으로 심한 열이 나 여러 주일 동안 침대에서 일어나지 못했다. 이것이 트라우마의 시작이었다.

대학생이 되다

대학생이 된 나타나엘은 다른 도시로 가 하숙집에 살고 있었다. 어느 날 청우계(晴雨計) 장수 코폴라가 문을 두드린다. "청우계 안 사요. 제발 가세요"라고 했더니 코폴라는 쉰 목소리로 "아, 청우계가 필요 없다구? 청우계가 필요없다! 그럼 눈은 어떻소? 내겐 아름다운 눈도 있는데. 아름다운 눈 말이오!"라고 말했다. 나타나엘이 깜짝 놀라 소리쳤다. "미친 사람 같으니. 어떻게 눈이 있을 수 있어? 눈이라고, 눈?"

코폴라는 청우계를 옆으로 밀어놓고 넓은 외투 주머니에서 코안경과 안경을 꺼내 책상 위에 늘어놓았다. "자, 안경, 코 위에 올려놓는 안경. 이게 내가 말한 눈이오. 아름다운 눈!" 코폴라는 계속 안경을 꺼내 책상 위에 늘어놓았다. 번쩍이는 안경들이 날카로운 시선처럼 점점 더 사납게 튀어 오르며 피처럼 붉은 광선을 나타나엘의 가슴에 쏘아댔다. 나타나엘은 광적인 공포에 휩싸여 소리쳤다. "그만 둬! 그만 해. 이 끔찍한 인간 같으니!" 코폴라는 쉰 목소리로 불쾌하게 웃으며 이렇게 말했다. "아. 안경이 필요 없다면 여기 좋은 망원경도 있어요." 결국 나타나엘은 망원경을 구입했다.

올림피아

나타나엘은 망원경을 가지고 물리학 교수 스팔란차니의 집을 몰래 들여다보았다.

교수에게는 올림피아라는 어여쁜 딸이 있는데 이상하게도 집안에 꼭꼭 가둬 놓고 있어서 아무도 그녀 가까이 갈 수가 없었다. 그녀가 정신박약이거나 아니면 다른 무슨 이유가 있을 것이라고 사람들이 수군거렸다.

마침내 스팔란차니는 음악회와 무도회를 열어 그동안 숨겨두었던 딸 올림피아를 처음으로 사람들에게 소개했다. 사람들은 모두 그녀의 아름다운 얼굴과 몸매에 감탄하였다. 등은 약간 굽었고, 허리는 개미처럼 가늘었지만 아마도 드레스를 너무 세게 조여서 그런가 보다고 사람들은 생각했다. 걸음걸이와 자세가 규칙적이고 뻣뻣해서 어쩐지 자연스럽지 않았는데, 그것도 많은 사람들 앞에서 압박감을 느꼈기 때문이라고 역시 사람들은 생각했다. 음악회가 시작되자 올림피아는 훌륭한 솜씨로 피아노를 치며 유리종처럼 맑은 목소리로 화려한 기교의 아리아를 불렀다.

그녀에게 완전히 매료된 나타나엘은 무도회가 시작되자 그녀와 춤을 추기 위해 손을 잡았다. 올림피아의 손은 얼음처럼 차가웠다. 소름 끼치는 죽음의 냉기에 그는 온몸이 마구 떨려 왔다. 올림피아의 눈을 응시하자 그녀의 눈은 사랑과 동경으로 가득 차 그를 마주 보며 빛났다. 그 순간 차가운 손에서도 맥박이 뛰고 생명의 피가 뜨겁게 흐르기 시작하는 것 같았다. 나타나엘의 가슴에 사랑의 욕망이 높이 불타올라, 그는 아름다운 올림피아를 감싸 안고 날듯이 빙글빙글 돌며 춤을 추었다. "날 사랑하나요. 날 사랑하나요. 올림피아?" 나타나엘이 속삭였으나 올림피아는 "아, 아!"하고 한 숨만 지었다.

약혼자를 멀리하고 올림피아와 사랑에 빠지다

그 후 며칠 동안 스팔란차니의 파티는 장안의 화젯거리였다. 사람들은 올림피아가 자동인형일지 모른다고 의심했다. 나타나엘의 친구 지그문트는 이렇게 말했다. "그녀는 이상하게 경직되어 있고 영혼이 없는 것 같아. 얼굴이나 몸매는 완벽하게 균형이 잡혔지. 그건 사실이

야! 하지만 시선에는 생명의 빛이 전혀 없고, 거의 시력도 없는 것 같
아. 걸음걸이는 이상하게 규칙적이고 모든 거동이 태엽을 감은 기계
장치로 조작되는 것 같아. 피아노를 치거나 노래하거나 춤추는 게 너
무 인위적이고 정확한 박자에 맞추고 있어서, 마치 혼이 없는 기계 같
잖아. 너무 무서운 느낌이어서 나는 그녀하고 아무 일도 같이하고 싶
지 않아. 살아있는 존재인 것처럼 행동할 뿐, 실제로 살아있는 사람으
로는 보이지 않는 걸."

그러나 나타나엘은 약혼자 클라라를 멀리 한 채, 올림피아에 푹 빠
져 버렸다. 그는 오직 올림피아만을 위해 살았고, 오랜 시간 그녀 옆에
앉아 자신의 사랑, 삶에 대한 불타는 감정, 정신적 친화력에 대한 환
상을 이야기했다. 그 모든 이야기를 올림피아는 열심히 경청했다. 그
의 이야기를 올림피아처럼 열심히 들어주는 사람은 이때까지 한 번도
본 적이 없었다. 그녀는 수를 놓거나 뜨개질을 하지도 않았고, 창밖을
내다보지도, 새에게 모이를 주거나 개나 고양이와 놀지도 않았다. 종
이 조각이든 뭐든 손으로 만지작거리는 적도 없었고, 하품을 참으려
고 억지로 낮은 기침을 하는 일도 없었다. 한 마디로 그녀는 몇 시간이
고 움직이지 않고 애인의 눈만 응시했다. 마침내 나타나엘이 일어나
그녀의 손과 입에 키스를 하면 그녀는 "아, 아!" 하고는 잠시 후에 "안
녕, 내 사랑!" 하고 말했다.

망가진 자동인형
올림피아에게 청혼하기 위해 어머니로부터 물려받은 반지를 들고

교수의 집을 찾았을 때, 서재에서 이상한 소리가 들렸다. 쿵쿵거리는 소리, 덜컹거리는 소리, 밀치는 소리, 문에 부딪치는 소리 사이로 저주와 욕설이 들렸다. "이거 내놔. 비열한 놈. 흉악한 놈. 그래 고작 거기다 온 인생을 다 바쳤어? 하하하하! 우린 그런 내기 한 적 없어. 나는 눈을 만들었지. 네 기계 장치는 멍청한 악마야. 멍청한 시계공 주제에. 꺼져 이 악마야. 꺼져. 내놔!"

스팔란치니와 안경장수 코폴라가 여자 인형의 어깨를 붙잡고 밀고 당기며 서로 빼앗으려고 싸우고 있었다. 그 인형은 올림피아였다. 코폴라가 거세게 몸을 비틀며 교수의 손에서 인형을 빼앗아 그것으로 교수를 사납게 후려쳤다. 교수는 뒤로 비틀거리며 플라스크, 증류기, 병, 실린더 등이 놓여있는 책상 위로 쓰러졌다. 온갖 도구가 요란한 소리를 내며 산산조각이 났다. 코폴라는 인형을 어깨에 들쳐 메고 무섭게 날카로운 소리로 웃으며 층계를 뛰어 내려갔다. 흉측하게 축 늘어진 인형의 발이 질질 끌려 계단에 부딪힐 대마다 둔탁하게 쿵쿵 소리를 냈다. 죽은 사람처럼 창백한 올림피아의 밀랍 얼굴에 눈이 없는 것이 보였다. 눈이 있던 자리에는 검은 구멍만 있었다. 그것은 생명이 없는 인형이었다.

"저놈 잡아. 저놈을 잡아. 왜 꾸물대나? 코펠리우스, 코펠리우스가 내 자동인형을 빼앗아갔어. 20년이나 걸려 만든 건데. 신명을 다 바쳐 만든 건데. 그 기계 장치, 언어능력, 움직임, 모두 내가 만든 거야. 눈, 그 놈이 너한테서 눈을 훔쳤어. 괘씸한 놈, 저주받은 놈, 저놈을 붙잡아. 올림피아를 찾아와. 옳지, 저기 눈이 있구나!"

그때 나타나엘은 바닥에 피투성이가 된 채 뒹굴고 있는 눈 알 두 개를 보았다. 그것은 나타나엘을 뚫어지게 응시하고 있었다. 스팔란차니는 다치지 않은 손으로 그것을 움켜잡아 나타나엘을 향해 던졌다. 눈알은 나타나엘의 가슴에 명중했다. 그 순간 불타는 발톱처럼 광기가 그를 사로잡아 그의 내면에 파고들어 이성과 사고력을 갈기갈기 찢었다.

그는 교수에게 달려들어 목을 졸랐다. 교수는 거의 죽을 뻔했으나 소란스런 소리를 듣고 몰려온 사람들이 뛰어 들어와 미쳐 날뛰는 나타나엘을 떼어내는 바람에 목숨을 구할 수 있었다. 그리고 교수의 상처에 붕대를 감아주었다. 친구 지그문트는 힘이 셌지만 미쳐 날뛰는 나타나엘을 제어할 수 없었다. 나타나엘은 무서운 목소리로 "나무 인형이여, 춤추어라"고 계속 소리치며 주먹을 마구 휘둘렀다. 마침내 여러 사람이 힘을 모아 그를 덮쳐 바닥에 쓰러뜨리고 묶었다. 그의 말소리는 무서운 짐승 같은 울부짖음으로 변했다. 그렇게 그는 끔찍한 광기로 날뛰며 정신 병원으로 끌려갔다.

인간의 형상에 대한 불신

이 소문이 널리 퍼져 인간의 형상을 한 것에 대한 심한 불신이 생겼다. 이젠 많은 사람들이 자기가 사랑하는 사람이 자동인형이 아니라는 것을 시험해 보기 위해 애인에게 약간 박자가 틀리게 노래하고 춤춰 보라고 요구하고, 자기가 책을 읽을 때는 옆에 앉아 수도 놓고 뜨개질도 하고 강아지와 장난도 쳐 보라고 했다. 무엇보다도, 가만히 듣고 있지만 말고 이따금 무슨 말을 하되, 그것이 진정한 사고와 감정에서 나오는 것임을 보여주는 방식으로 말할 것을 요구했다. 이런 식으로 많은 사람들은 사랑의 결합이 더 확고해지고 우아해졌지만, 그 외 일부 사람들은 말없이 서로 헤어지기도 했다. "정말 그건 보증할 수 없는 일이야"라고 모두들 말했다. 의심받지 않기 위해 사람들은 찻집에서 믿을 수 없으리만치 하품을 자주 하고 기침은 절대로 하지 않았다.

나타나엘의 광기와 죽음

다시 건강의 되찾아 클라라와 행복한 일상을 보내던 나타나엘은 어느 날 클라라와 함께 높은 탑에 올라갔다. 무심결에 주머니에 있던 망원경으로 클라라를 들여다보던 그는 돌연 발작을 일으켜 클라라를 죽이려들었다. 일행 중 한 사람이 클라라를 구해 탑을 내려갔고, 혼자 남은 나타나엘은 미쳐 날뛰다가 탑 아래에서 자신을 보고 있는 코펠리우스를 발견하고 아래로 몸을 던졌다.

프로이트의 해석

헤겔은 호프만을 병자라고 단정했고, 괴테는 그의 작품을 "몽유병자의 정신착란적 고백"이라고 했다. 그러나 독특한 상상력을 기반으로 한 공포스러운 분위기의 그의 소설들은 에드거 앨런 포, 보들레르 등 후대의 많은 작가들에게 영향을 미쳤다. 특히 프로이트에게 있어서 호프만의 《모래 사나이》는 최고의 정신분석학 교과서다. 그에 의하면 '눈의 상실'에 대한 두려움은 오이디푸스 컴플렉스의 중요한 요소인 거세불안과 밀접한 연관이 있다. 어머니에 대한 금지된 욕망 때문에 아버지로부터 벌을 받게 될 것을 두려워하는 사내아이가 느끼는 불안감이 바로 거세불안이다. 호프만의 《모래 사나이》에서 아버지의 친구인 변호사 코펠리우스, 대학생이 된 후 하숙집에 찾아 온 안경장수 코폴라, 대학의 물리학 교수인 스팔란치니 등이 모두 나타나엘의 아버지를 상징하는 동일 인물이다. 각기 다른 인물이지만 그들 모두가 주인공으로부터 눈을 앗아가는 모래 사나이다.

(프로이트의 《모래 사나이》해석은 13장 '눈 이야기에서 더 자세히 이야기하기로 한다).

<블레이드 러너>와 《모래 사나이》

SF 영화 중에서는 복제인간 레플리컨트들의 이야기인 <블레이드 러너>가 《모래 사나이》와 가장 비슷하다. 실제 인간과 구분되지 않는 복제 인간들은 《모래 사나이》의 자동인형 올림피아와 그대로 겹쳐진다. 오프닝 화면에 커다랗게 확대된 눈을 디자인 요소로 삼은 것도 눈에 대한 강박관념을 암시하고 있는 듯하여 심상치 않다.

로봇 제조 기술이 고도화 될 미래 사회에서는 모든 복제인간이 외모나 능력 면에서 완벽하게 될 것이고, 그렇다면 한 점 흐트러짐 없이 아름답고 능력 있는 인간은 더 이상 선망의 대상이 되지 못할 것이다. 인공으로 만들어낸 기계 인간에 불과하기 때문이다. 그 시대에는 다소 허점이 있거나 못 생긴 실제 인간이 오히려 엄청난 가치를 지니게 될 것이다. 아마 호프만 소설 속의 사람들이 자기가 자동인형이 아니라는 것을 증명하기 위해 일부러 박자가 틀리게 노래하고 서투르게 춤을 추었듯이, 미래의 인간들은 자기가 진짜 인간이라는 것을 증명하기 위해 일부러 평범한 외모와 서툰 행동을 과시하게 될는지 모른다.

복종하는 신체

신체가 포위 공격의 대상이 된 것은 물론 18세기가 처음은 아니다. 어떤 사회에서나 신체는 매우 치밀한 권력의 그물 안에 포획되었고, 권력은 언제나 신체를 구속하고 금기 혹은 의무를 부과해왔다. 그러나 18세기의 새로운 점은 몸을 다루는 권력의 기술이 거대함에서 세밀함으로 이동했다는 것이다.

1696년에 지파르가 쓴 《프랑스 군대 제식》의 삽화.
P.Giffart, L'Art militaire français, 1696.

몸에 대한 통제의 규모가 달라지고, 통제의 대상이 달라졌다. 몸을 분리되지 않는 하나의 커다란 덩어리로서 다루는 것이 아니라 아주 작은 부분까지 미세하게 나누어 정교하게 강제력을 행사했다. 그리하여 동작의 구조와 유효성에 주목하고, 운동, 동작, 자세, 속도 등 세세한 몸의 움직임까지 통제하는 기계적인 수준을 확보했다. 소위 미세 권력이다.

신체의 순종이 곧 효용성이라는 확신을 기초로 신체의 활동을 면밀하게 통제하고 체력의 지속적인 복종을 확보하는 이러한 방법이 바로 규율이다. 복종의 강제는 단순히 폭력적 수단에 의해서만 가능한 것은 아니다. 직접적이고 물리적이며 폭력적인 강제도 있지만, 치밀하게 계산되고 기술적으로 조직된 교묘한 방법의 강제도 있다.

무기를 사용하지도 않고 공포를 주는 것도 아니면서 신체를 복종시키는 것이 더 훌륭한 방법일 것이다. 이것은 결국 신체에 대한 지식과 체력의 통제를 통해서 가능하다. 이 지식과 통제가 신체의 정치적 테크놀로지이며, 그 기술의 요체는 다름 아닌 규율이다. 규율은 복종하는 훈련된 신체, 순종하는 신체를 만들어 낸다.

18세기 중엽에 확립된 군대 행진의 규정을 보면 우리는 그 세밀함에 놀라게 된다.

[좁은 걸음의 보폭에는 1핏 되는 것과, 보통 걸음, 속보, 한쪽 발뒤꿈치에서 다른 쪽 발뒤꿈치 사이의 간격을 2피트로 하는 것 등이 있다. 또한 속도는 좁은 걸음과 보통 걸음일 경우 한 걸음에 1초

로 하고 속보에서는 그 사이에 두 걸음을 걷는 것으로 하며, 행군 보조의 속도는 한 걸음 다 1초를 약간 넘도록 한다. 비스듬하게 걷는 경우, 1초당 한 걸음으로 하고, 보폭은 한쪽 발뒤꿈치와 다른 발뒤꿈치 사이의 간격이 기껏해야 18푸스가 되도록 할 것. (…) 보통 걸음으로 전진할 경우에는 얼굴을 들고 몸은 곧추세우며, 차례로 한쪽 다리만으로 균형을 유지하면서, 다른 한쪽 다리는 무릎을 펴고 그 발끝은 약간 바깥쪽으로 향하게 한 채 낮게 하여서 멋을 부리지 않고 지면을 스치게 할 것, 또한 발바닥 전체가 지면을 내려치지 않고 누르는 듯이 발을 내려 행진할 것.] (1766년 1월 1일자 보병의 교련을 위한 왕령).

몸짓과 동작을 분해하는 정확도와 신체를 시간 단위로 통제하는 기술이 놀랍다. 총을 쏘는 자세에도 이와 비슷한 정교한 규정이 부과되어 있다. 1743년 프러시아 〈보병규범〉의 규정에 의하면 '세워 총'은 6박자, '옆에 총'은 4박자, '거꾸로 메어 총'은 13박자 등으로 신체의 움직임을 세밀하게 분석해 놓았다.

세밀한 시간 배분과 속도가 미덕인 이 미세한 분할 통제는 신체 운동에서 최대한의 효율성을 끌어내기 위한 것이다. 여기서 규율권력의 성격이 부각된다. 규율의 목표는 인간의 관리이다. 다시 말해서 동일한 시간으로부터 이용 가능한 순간을 보다 많이 끌어내고, 동시에 유용한 노동력을 좀 더 많이 끌어내는 것이다.

점점 더 세분화하는 행동규범에 의해 최대한의 속도와 최대한의 효과를 낼 수 있도록 아무리 사소한 순간의 활용도 강화해야 한다. 시간은 분해하면 할수록, 그리고 그 시간의 내적 요소들을 통제의 시선 밑에 두면 둘수록 훨씬 빠르게 하나의 행동을 추진시키거나 통제할 수 있다.

군인들의 행진이나 사격뿐만 아니라 학교에서 글씨쓰기 공부를 하는 데에도 엄격한 규율이 정해졌다.

상체를 직립시키고, 왼쪽으로 조금 기울여 힘을 빼고, 팔뚝을 책상 위에 놓고, 시각이 미치는 범위 안에서 턱이 주먹 위에 놓일 정도로, 어느 정도 앞으로 기울인 자세가 되어야 한다. 왼발은 책상 아래에서 오른 발보다 약간 앞으로 내밀어야 한다. 상체와 책상과의 간격은 손가락 두 개 쯤으로 떨어져 있도록 한다. 그렇게 함으로써 보다 빨리 쓸 수 있을 뿐 아니라 또한 복부를 상에 붙이는 버릇을 갖는 것은 건강에 아주 유해하기 때문이다. 왼팔의 팔뚝에서 손가락 끝까지의 부분은 책상 위에 놓아두어야 한다. 오른팔은 상체에서 손가락 세 개 정도의 폭만 떨어뜨리고, 책상에서 손가락 다섯 개 정도 띄어 놓을 것, 오른팔은 책상 위에 가볍게 올려 둘 것, 교사는 아동에게 글자를 쓸 때 유지해야 할 자세를 주지시키고, 아동이 그러한 자세에서 벗어날 경우, 신호를 보내거나 기타의 방법으로 고쳐주도록 한다.] (라 살르(J. B. de La Salle), 《기독교 학교에서의 품행(Conduite des écoles chrétiennes)》 (1828년).

글을 쓸 때 왼발이 오른발보다 앞에 있으면 어떻고 뒤에 있으면 어떠한가? 왜 이런 꼼꼼한 규칙이 마련되어야 할까? 거기에는 행동의 효율성만이 아닌 모종의 권력의 전략이 숨어 있다. 엄격한 시간표에

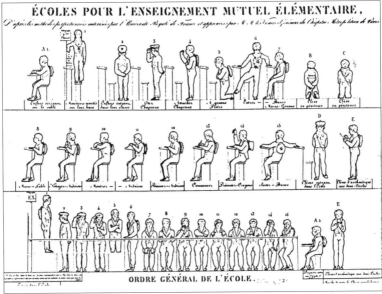

윗 그림은 이 학교에서의 글씨쓰기 연습 장면. 1818년 이 폴리트 르콩트의 석판화.
아래 그림은 포르-마옹 가의 초등학교 교실 배치도.
Lithographie de Hippolite Lecomte, 1818.

의한 품행교육과 좋은 습관들이기, 그리고 신체에 대한 세밀한 구속은 그것을 행하는 자와 당하는 자 사이에 특별한 관계를 형성한다.

요즘은 자유롭기 그지없지만 과거 우리의 중·고등학교에서는 귀밑 몇 센티미터로 머리 길이를 제한하고 규율부장이 교문에서 학생들의 머리 길이를 자로 재던 시대가 있었다. 그것이 바로 규율이다. 귀밑머리가 3센티미터가 아니고 왜 하필 2센티미터인가, 또 감옥에서 기상시간이 왜 6시 반이 아니라 꼭 6시여야 하는가, 그 자체로는 의미가 없다. 다만 그것을 지키도록 만드는 과정이 사람들을 통제하는 효과적인 수단인 것이다.

미세한 규칙들은 권력이 스며들어가는 모세혈관이다. 이것이 다름 아닌 근대의 규율권력이다. 18세기의 병법 이론가들이 만들어 놓은 명료하고 강제적인 교련규정을 통해 권력은 신체와 물체가 맞닿는 모든 면에 스며들었다. 그리하여 신체-도구, 신체-기계라는 복합체를 만들어냈다. 이제 규율, 훈련을 통해 고분고분하게 복종하는 유순한 신체가 만들어졌다. 신체는 새로운 권력 메커니즘의 표적이 되면서 새로운 형태의 앎의 대상으로 떠올랐다.

이러한 복종의 기술을 통해서 기계적인 신체의 외양을 갖춘 새로운 형태의 신체가 만들어지고 있었다. 이 신체는 새로운 권력기구들의 표적이면서 동시에 지식의 새로운 대상이 된다. 동물적인 신체라기보다는 오히려 권력에 의해 조작되는 신체이고, 물리학적 자연의 신체라기보다는 훈련에 의해 만들어지는 신체였다.

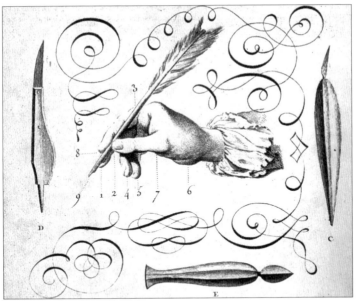

바른 자세를 위한 어린이 신체 교정술의 삽화. N. Andry, 1749년.
글씨쓰기의 이상적인 자세와 손의 위치

8

나병과 페스트의 모델

푸코의 권력 분석에서 역사적으로 아주 중요한 두 개의 질병이 있다.
나병과 페스트가 그것이다. 그 두 질병에 대처하는 권력의 방식이
중세 이후 현대에 이르기까지 모든 권력 행사의 중요한 모델이 되고 있다.
유사 이래 인간의 거의 모든 역사가 타자를 배제하고 거부하는
동일자들의 역사라면 이 두 질병의 모델이야말로 가장 탁월하게
그 방식을 보여주고 있다.

도시에서 추방된 나환자들

중세 말, 혹은 중세 내내 나환자들은 도시에서 먼 곳으로 추방되어 격리 생활을 했다. 나환자의 추방은 그들을 한데 묶어 외부 세계로, 즉 성벽 밖이나 공동체의 경계 밖으로 쫓아내는 것이었다. 그것은 가혹한 분할, 거리 두기, 한 그룹과 다른 그룹 사이의 비-접촉의 규칙 등을 포함하는 사회적 관행이었다. 그러니까 추방하는 집단과 추방되는 집단이라는 서로 이질적인 두 집단이 형성되었다.

그것은 마치 빛과 어둠과도 같아서, 추방하는 집단이 중앙의 환한 빛 속에 있었다면 추방된 집단은 외부의 어둠 속으로 밀려났다. 나병에 걸리지 않은 건강한 사람들이 동일자(le même) 라면 저주받은 병에 걸려 추 밤 되는 집단은 타자(les autres)였다. 나환자들을 도시의 주변부로 밀어내는 관행은 단순히 공간적인 거리감만을 의미하는 것이 아니라 추방과 배제 그리고 자격박탈을 의미했다. 물론 이 자격박탈은 도덕적이라기보다는 법률적이고 정치적인 것이었다.

여하튼 현실 세계에서 그들은 죽은 것이나 다름없었다. 나환자의 추방이 반드시 일종의 장례식과 함께 이루어졌다는 것이 그것을 증명하고 있다. 나환자는 마치 죽은 사람처럼 관 속에 누워 신부가 집전하는 장례 미사를 치르고 멀리 떠났다. 그는 현실 세계에서 완전히 죽은 사람이므로 재산도 양도되었다.

그런데 14세기에 갑자기 나병이 사라졌다. 나환자들을 가두던 넓은 장소가 텅 비게 되었고, 그들을 주변부로 밀어내던 사람들의 의식 속에 도 잠시 빈 공간이 생겼다. 그러나 곧 15세기에 광인들을 싣고 라인 강과 네덜란드의 운하를 미끄러지듯 흐르며 도시에서 도시로 운항하는 '바보들의 배'가 나타났다. 도시에서 추방된 광인들을 실은 배였다. 이제 사람 들은 광인들에게 관심을 돌렸다. 그리고 드디어 광인들에 대한 대대적인 감금이 시작되었다.

17세기 중반에 광인과 함께 거지, 부랑자, 게으름뱅이, 방탕아 등 유동적인 부랑 인구를 도시 밖으로 쫓거나, 아니면 구빈원에 가두면서 대대적인 추방을 시작했을 때, 왕실 행정부가 정치적으로 채택한 것은 바로 이 나환자 추방의 모델이었다. 다시 말해 추방, 자격상실, 유배, 거부, 박탈 등의 메커니즘이었다. 이와 같은 나환자 추방의 모델과 관행이 역 사속으로 완전히 사라졌다고 할 수는 없다. 현재 우리 사회에도 한 부분에서 여전히 살아남아 있기 때문이다.

그러나 권력행사의 장에서 나환자 추방의 모델은 대략 17세기말에서 18세기 초에 거의 사라지고 전혀 다른 모델이 모습을 드러냈다. 새로운 모델이 구모델을 완전히 대체했다기보다는 어느 정도 중첩되면서 새롭게 활성화되었다. 그것은 나환자 추방의 모델만큼이나 역사가 긴 페스트의 모델이었다.

흑사병 — 죽음의 공포

페스트라는 병명은 원래 치사율이 높은 전염병에 희랍인들이 붙인 이름이다. 기원전 4세기의 '아테네의 페스트' 같은 것이 그것이다. 그러나 서구 역사에서 흑사병(peste noire)이라고 불리던 본격적인 페스트는 14세기, 그러니까 1337년에서 1339년 사이에 중국에서 발생하여 인도를 거쳐 유럽에 전파된 것이다.

1347년에 유럽에 다다른 이 전염병은 제노아를 포위하고 있던 황금 군단을 완전히 궤멸시켰고, 시실리, 이탈리아 반도, 프랑스, 스페인 등을 강타했으며, 이어서 독일, 중부 유럽, 영국에까지 퍼졌다. 이 흑사병의 열풍으로 유럽 인구 중 2,500만 명이 희생되었으며, 아시아에서도 비슷한 수의 희생자가 있었을 것으로 추정된다.

그 후 15세기, 18세기, 19세기, 그리고 20세기까지도 간헐적으로 페스트가 발생했지만 서구인들의 무의식 속에 강렬한 공포를 심어놓은 대 흑사병은 바로 이 14세기의 페스트이다. 페스트는 수많은 문학작품의 영감의 원천일 뿐만 아니라(카뮈의 《페스트》는 가장 최근의 예이다) 서구의 행정 체계 확립에 지대한 영향을 미쳤고, 공중 보건 같은 의료제도의 발달에도 크게 기여했다. 그리고 이제 푸코에 의해 아주 중요한 권력의 모델로 등장했다.

통음난무의 꿈

근대 이전의 페스트를 소재로 한 문학작품들은 주로 무시무시한 고딕풍의 분위기를 갖고 있다. 그 작품들 안에서 페스트는 극도로 혼란스러운 공포의 순간으로 그려진다. 페스트로 죽음의 위협을 받고 있는 사람들은, 흔히 죽음이 임박한 사람들이 그러하듯, 온갖 체면을 포기하고, 이때까지 쓰고 있던 도덕적 가면을 집어 던진 채 무질서한 방탕에 몸을 내맡긴다.

카니발이 그렇듯이 페스트가 창궐하는 도시에서는 모든 사람들이 완전한 자유를 폭발적으로 누린다. 통음난무(痛飮亂舞)가 횡행하고, 개인성은 해체되며 법은 무시된다. 페스트가 퍼지기 시작하는 순간 도시 전체의 규칙이 무너지고 완전히 무정부 상태가 된다. 페스트는 인간의 육체를 유린하는 동시에 법을 유린하면서, 공포와 함께 짜릿한 해방감을 모든 사람들에게 안겨주었다. 적어도 문학적인 측면에서의 페스트는 그러했다.

그러나 페스트에는 또 다른 측면이 있다. 정치적 측면에서 페스트는 정치권력이 완벽하게 행사되는 멋진 순간이다. 철저한 주민분할지배가 가능하고, 사람들 사이의 위험한 소통이나 접촉 혹은 뒤섞임은 더 이상 일어날 수 없다. 페스트가 발병하는 순간은 정치권력에 의한 주민의 분할지배가 철저하게 이루어지는 순간이고, 권력의 미세한 분기(分岐)들이 끊임없이 개인과 맥이 닿아, 그들의 시간, 공간, 환경, 그리고 육체에까지 침투해 들어가는 순간이다.

페스트는 통음난무의 연극적, 문학적 꿈을 우리에게 가져다준 동시에, 아무런 장애물이 없이 대상을 완전히 투명하게 감시할 수 있고, 한 점 손실이 없이 완벽하게 집행되는 철저한 권력의 정치적 꿈을 또한 우리에게 안겨주었다.

실제로 17-18세기 초부터 정치적으로 작동하기 시작한 것은 더 이상 나환자 추방의 모델이 아니라 페스트의 모델이다. 이것이야말로 18세기 혹은 입헌 군주 시대의 위대한 발명품이라고 푸코는 말한다.

지속적인 감시 모델로서의 페스트

페스트의 모델이란 다름 아닌 지역분할 방식이다. 전염병이나 사고 지역의 관할, 치안확보를 위해 도시를 바둑판처럼 나누고 거기에 군대나 경찰 병력을 분할 주둔시키는 방식인 quadrillage는 원래 '바둑판 모양으로 구획하기'라는 뜻이고, 전염병 검역이라는 뜻의 quarantaine는 '40일간'이라는 의미이다. 두 단어 모두 중세의 페스트에 그 기원을 두고 있다.

한 도시에 페스트가 선포되면 우선 당국은 경계선을 그어 일정 지역을 구획한다. 그리고 그 안의 주민들에게 금족령을 내린다. 그 지역은 완전히 폐쇄된 지역이 된다. 페스트에 관련된 관행과 나병에 관련된 관행은 약간의 유사성만 제외하고는 매우 다르다. 나환자의 격리 지역에서는 환자들이 마구 뒤섞여 있었는데, 페스트의 격리 지역에서는 사람들을 한데 섞지 않았기 때문이다. 페스트의 도시에서 모든 사람은 자기 집에 들어앉아 이웃들과도 철저하게 고립된 채 당국의 세심한 분석과 꼼꼼한 경계의 대상이 되었다.

페스트 상태의 도시들은 모두 아주 비슷한 일련의 규칙들을 갖고 있었다. 도시 전체는 몇 개의 구(區, district)로 나뉘었고, 구는 다시 동(洞, quartier)으로 나뉘었으며, 이 동 안에 로(路, rue)들을 분리시켰다. 각 로 안에는 감시인(surveillant)이 있었고, 동 안에는 감독관(inspecteur)이 있었으며, 각 구 안에는 담당관이, 그리고 도시 전체 안에는 총독(gouverneur) 혹은 임시로 권한이 추가된 행정관(échevin)이 있었다. 그러므로 지역을 세밀하게 분석하고, 또 그렇게 분석한 지역을 지속적으로 조직하는 일이 가능했다.

지속적이라는 것은 두 개의 의미가 있었다. 우선 그것은 지역분할의 피라미드 때문에 가능했다. 길 끄트머리에서 모든 집의 대문 앞을 망보는 보초에서부터 동의 책임자, 구의 책임자, 도시의 책임자에 이르기까지 거기에는 일종의 거대한 권력 피라미드가 형성되어 있었다.

이 피라미드 안에는 그 어떤 침입도 허용될 수 없었다. 그것은 단순히 위계적 피라미드일 뿐만 아니라 그 수행에 있어서도 지속적인 권력이었다. 감시는 아무런 침입이 없어야만 수행될 수 있는 것이기 때문에 보초들은 거리의 끝에 항상 서 있어야 했다. 구와 동의 감독관들은 하루에 두 번 순시를 했으므로 그 도시 안에서 일어나는 일은 하나도 놓치지 않았다. 이렇게 관찰된 것이 모두 지속적으로 기록되고, 이 모든 정보들이 다시 커다란 장부 속에 기입되었다.

전염병의 격리 기간이 시작되는 시점에 그 도시에 있는 모든 시민들은 그들의 이름을 고지(告知)해야만 했다. 신고된 이름은 장부 속에 기입된다. 그 장부들의 몇 권은 구역 감독관의 수중에 있고, 다른 것들은 도시의 중앙 행정부에 보내진다. 감독관들은 매일 모든 집 앞을 지나쳐야 하고, 각각의 집 앞에서 잠시 머물러 거주자의 이름을 호명한다.

모든 사람은 자신이 모습을 보여야 할 창문을 할당받고, 감독관이 그의 이름을 부르면 그 창문 앞에 나서야 한다. 만일 그가 창문 앞에 모습을 보이지 않으면 그는 침대 안에 있다는 것을 뜻한다. 그가 침대 안에 있다는 것은 아프다는 의미이고, 아프다는 것은 그가 위험한 인물이라는 이야기가 된다.

당국이 개입하여 아픈 사람과 그렇지 않은 사람 등으로 개인들을 분류하는 것은 바로 이 시점에서이다. 하루에 두 번씩의 방문에 의해 형성된 이 모든 정보, 다시 말해서 감독관이 수행하는 산사람과 죽은 사람에 대한 이 같은 사열과 조사는 장부에 기입되고, 이어서 도시 중앙 행정부에 있는 중앙 장부와 대조된다.

이와 같은 조직은 나환자에 관련된 모든 관행들과 완벽하게 대구(對句)를 이루고 있다. 나병에서는 사람들을 추방하지만 페스트에서는 검역을 한다. 쫓아내는 것이 아니라 바둑판처럼 구획된 공간 안에 개인이 있어야 할 장소를 마련하고, 확정하고, 고정시키며, 자리를 배정해준다. 내치는 것이 아니라 안으로 끌어안는 것이다. 더 이상 주민의 두 타입, 두 그룹 사이, 다시 말해서 순수한 그룹과 불순한 그룹, 나환자와 그렇지 않은 사람들을 두 덩어리로 분할하는 것이 아니라, 아픈 사람과 그렇지 않은 사람들을 지속적으로 관찰하여 일련의 미세한 차이들을 가려내는 것이다.

이것은 결국 개인의 미세한 결에까지 이르는 권력의 세분화이며 개인화이다. 그러므로 나환자 추방에서 볼 수 있는 집단 분할과는 거리가 멀다. 여기서는 더 이상 거리 두기, 접촉 끊기, 주변부로 밀어내기의 문제가 아니다. 오히려 아주 꼼꼼한 근접 관찰이 중요하게 되었다.

나병의 모델이 거리 두기라면 페스트의 모델은 개인들에 대한 권력의 점진적인 접근이며, 더욱 집요해지는 지속적인 관찰이다. 나병에서처럼 대대적인 정화의식이 아니라 개인의 건강, 생명, 수명, 활력 등을 최대화하려는 시도이다.

요컨대 이제 권력은 건강한 국민을 생산하는 문제에 집착하게 되었다. 규칙적으로 분할된 장에 대한 지속적인 조사를 통해 권력은 한 개인이 규칙을 잘지키는가, 규정된 보건 수칙을 잘 지키는가를 알기 위해 끊임없이 개인들을 평가한다. 개인의 몸 안까지 침투해 들어가는 소위 생체 권력(bio-pouvoir)의 대두이다.

푸코가 말하는 네거티브의 의미

페스트의 모델이 나병의 모델을 대체한 것은 아주 중요한 역사적 과정과 정확히 일치한다. 푸코는 이것을 포지티브한 권력 테크닉의 발명이라고 부른다. 나병에 대한 대응은 거부하고 추방하고 상대방을 아예 알려지지 않는 뺄셈의 대응이라는 점에서 네거티브한 방식이었다. 그러나 페스트에 대한 대응은 모든 사람을 끌어안고, 관찰하고,

앎을 형성하고, 이 관찰과 앎에서부터 권력의 효과를 증식시키는 덧셈의 대응이라는 점에서 포지티브한 방식이다.

중세 봉건시대의 권력은 선취(先取), 즉 '빼앗기'가 특징이었다. 군주, 영주 또는 사제들은 농민들로부터 소출의 얼마를 미리 떼어내는 징세 방식에 의해 금전 혹은 생산물을 선취했다. 이러한 착취 혹은 가렴주구(苛斂誅求)가 농민을 피폐시켰다. 선취는 재화의 영역에서만이 아니라 부역이나 군적(軍籍) 또는 부랑자의 감금이나 추방에 의해 인력이나 시간의 영역에서도 이루어졌다. 이것이 네거티브한 권력이다.

우리가 '권력'이라는 말에서 '배제한다', '처벌한다', '억압한다', '검열한다', '고립시킨다', '숨긴다', '은폐한다' 등등 네거티브한 이미지를 떠올리는 것은 전통적 권력의 이러한 성격 때문이다.

그러나 18-19세기부터 규율 장치의 발전과 함께 전혀 다른 권력 메커니즘이 출현했다. 생산 효율성을 더해주고, 이 효율성이 만들어낸 이용 가능성을 제고해주는 그런 권력이다. 이제 권력은 인력의 증식과 생산 장치의 증식을 조절하는 기술이 되었다.

이때 생산이란 농업생산, 공업생산 같은 글자 그대로의 경제적 생산만을 뜻하는 것이 아니다. 학교에서는 학생들의 지식과 적성을 생산하고, 병원에서는 건강을 생산하며, 군대에서는 살상력과 파괴력을 생산 한다. 그중에서도 특히 지식의 생산이라는 말이 의미심장하다. 앎-권력과 직결되기 때문이다.

이처럼 푸코가 계보학을 통해 밝혀낸 근대 이후의 권력은 네거티브한 것이 아니라 철저하게 포지티브한, 즉 생산하는 권력이다. 현대의 권력은 뺄셈이 아니라 덧셈을 하는 권력, 배제하는 것이 아니라 포용하는 권력, 에누리하는 대신 보태주는 권력, 발목 잡고 말리는 권력이 아니라 북돋우고 격려하는 권력, 선취하고 폭력을 휘두르는 것이 아니라 부드럽게 생산하고 이윤을 도모하는 권력이다.

부정적, 긍정적이라는 우리말 역어(譯語) 대신 네거티브, 포지티브라는 원어를 그대로 쓴 것은 부정과 긍정이라는 역어가 일으키는 가치 부여적 의미를 피하기 위해서였다. 푸코가 권력에 대해 네거티브 혹은 포지티브라고 말했을 때 그것은 '나쁘다, 좋다'라는 뜻의 부정 긍정이 아니다. 그 자신이 네거티브한 권력을 비판하고 포지티브한 권력을 옹호한다는 이야기도 전혀 아니다.

그는 그저 단순히 파괴적이냐 생산적이냐 혹은 마이너스냐 플러스냐 라는 반대항의 뜻으로 썼을 뿐이다. 아니 더 정확히 말하자면 포지티브한 권력을 묘사하는 단어들의 좋은 이미지에도 불구하고 그것이 더 인간적이거나 훌륭한 권력이 아니라 더욱 교묘하고 악랄한 권력이라는 것이 그의 기본적인 생각이다.

9

사람 사이의 관계는
모두가 권력관계

모든 인간관계가 권력관계일 뿐만 아니라

인간과 관련된 공간이나 관습도 모두 권력관계이다.

사람 셋만 모이면 권력관계가 형성된다

우리는 흔히 권력을 양도하거나 교환할 수 있는 재화 혹은 소유물로 생각한다. 김영삼 정부에서 노무현 정부, 그리고 문재인 정부에 이르기까지 대통령들이 입버릇처럼 "기득권층이 개혁의 발목을 잡아서…"라고 말한 것은 모두 권력의 소유개념에서 나온 말이다. 마치 권력이 손에서 손으로 건네줄 수 있는 물건이라도 된다는 듯이, 그래서 한번 어떤 사람의 손에 들어가면 강제로 그것을 빼앗지 않는 한 영원히 그 사람의 소유라는 듯이 말이다.

그러나 권력은 소유물이 아니라 전략이며 사람과 사람 사이의 관계라는 것을 밝혀냄으로써 푸코는 20세기 후반 최고의 철학자 중의 한 사람이 되었다. 푸코 이후 우리는 모든 사람들의 관계가 권력관계임을 깨닫게 되었다. '세 사람이 같이 길을 가면 그 중에 반드시 나의 스승이 될 만한 사람이 있다'(三人行 必有我師)는 논어 구절의 권력 버전이라 할 만하다.

푸코에 의하면 권력은 사람 사이의 관계이다. 사회는 지배 피지배의 이분법적 관계로 나뉜 것이 아니라 마치 그물코처럼 무수한 복수(複數)의 권력으로 뒤덮여 있다. 소위 미시(微視)권력이다.

사람과 사람 사이의 관계 속에서 서로 간에 미치는 힘, 즉 영향력은 정확하게 균형을 이루는 것이 아니라 언제나 불균형을 이룬다. 그 비대칭의 불균형한 힘의 관계가 곧 권력관계이다. 그러니까 권력은 소유되기보다는 행사되는 것이고, 점유에 의해서가 아니라 사람들을 배치하고 조작하는 기술과 기능에 의해 효과가 발생된다.

인간관계가 곧 권력관계이므로 권력의 수는 무수히 많다. 학생과 선생의 관계, 의사와 환자의 관계, 경찰관과 피의자의 관계가 모두 권력관계이다. 힘의 불균형이 있다면 친구 사이나 직장 동료 사이의 관계도 역시 권력관계이다. 온나라에 단 하나의 권력만이 있어서 그 외의 모든 선량한 사람들이 그 권력을 타도하기만하면 낙원이 도래하는 그런 세상이 아니다.

한 사회를 지배계층과 피지배계층, 또는 부르주아지와 프롤레타리아라는 커다란 두 덩어리로 나누는 마르크스식 권력개념의 허를 찌른 것이 푸코의 권력개념이었다. 극렬하게 사회운동을 하는 여성 운동가가 자기 집에서는 가정부를 냉정하게 다룬다거나, 결코 우리 사회의 상층 계급이라고 할 수 없는 영세한 중소기업사장이 외국인 근로자를 가혹하게 다루는 것은 마르크스식의 지배억압개념으로는 도저히 설명할 수 없는 지배의 양식이다. 우리는 이처럼 일상적 권력에 둘러싸여 살고 있다.

이 힘의 관계는 한번 정해지면 영원히 계속되는 것이 아니라 끊임없이 불안정하게 변동하는 것이 특징이다. 대통령이 바뀌면 권력은 이동하고, 한 조직의 장(長)에서 떨어지면 막강하던 권력도 휴지조각처럼 무력해진다. 우리 사회가 충만한 에너지로 들끓고 있고, 개인들 간의 인간관계가 한없이 불안정하고 깨지기 쉬운 것은 이 힘의 관계를 재조정하는 과정의 가변성 때문이다.

이제 우리 사회는 내치고, 제외시키고, 금지하고, 주변부로 몰아내고, 억압하는 권력 기술로부터 무언가 만들고 관찰하는 권력, 모든 것을 아는 권력, 그리고 스스로의 효과에서부터 자신의 힘을 증식시키는 그런 권력으로 넘어갔다. 다시 말하면 네거티브한 권력에서부터 포지티브한 권력으로 이동한 것이다,

아는 것이 힘이다, 아는 것이 권력이다

'아는 것이 힘이다'라는 계몽주의적 격언은 아이러니하게도 글자 그대로 푸코의 권력론에 적용된다. '아는 것은 권력이다.' 지식은 권력과 불가분의 관계를 맺고 있다. 앎-권력이라는 한 쌍의 조어(造語)가 가능한 이유이다. 인간의 육체에 직접적인 강제를 가하는 왕조시대의 권력으로부터 사회 전체에 널리 퍼져 교묘하게 사람들을 감시하는 근대적 규율권력으로 넘어올 수 있었던 것은 다름 아닌 지식(앎) 덕분이었다.

앎-권력은 대표적인 포지티브 권력이다. 추방이 아니라 구성원들을 가까이 끌어안아 분석하는 권력, 불분명하게 혼합된 몇 개의 큰 덩어리로 분리하는 권력이 아니라 차별화된 개인들을 분배, 배치하는 권력, 무식하고 무지한 권력이 아니라 영리하고 똑똑한 권력이다. 한마디로 앎의 형성, 투입, 축적, 증식을 가능하게 하는 권력이다.

과거의 권력은 총칼로 무지막지하게 누르는 물리적 폭력이었다. 힘은 있을지언정 지적인 것과 거리가 멀고 무식했다. 그러나 근대 이후의 권력은 무식하지 않다. 무식한 권력은 지속될 수 없다. 무력으로 권력을 얻었다 하더라도 권력자는 자신의 권력을 유지하기 위해 주변에 온갖 학자들을 불러 모은다.

논리적으로 설득하지 못하는 물리적 폭력은 상대방의 진정한 복종을 얻기 힘들다. 그런 의미에서 안토니오 그람시의 헤게모니 이론은 단순히 공산주의 이론을 넘어서서 현대의 권력 개념에 폭넓게 적용될 수 있다. 그는 한 계급이 다른 계급을 지배하려면 단순히 경제적 물리적 힘에만 의존해서는 안 되고, 지배계급의 신념 체계와 사회적 문화적 도덕적 가치를 피지배계급에게 전파시키고 그것을 공유하도록 설득해야 한다고 말했다. 설득하는 힘, 신념체계, 사회적 문화적 도덕적 가치 같은 것 들은 모두 지식과 추론의 힘이 있어야 가능한 것들이다.

근대 사회에서 권력이 행사되는 모든 지점은 곧 지식이 형성되는 지점이다. 그러므로 "학자의 저술에 감히 사상 검증을!"이라고 말하는 집단적 움직임은 그 자체가 권력을 향한 투쟁이고, 권력의 자기 보존 투쟁이다.

우리는 막연하게 어떤 학문적 개념이나 관념이 마치 이데아의 하늘에 애초부터 들어 있다가 탁월한 한 사람의 학자에 의해 지상의 무대로 내려온 것처럼 생각하기 쉽다. 이론서들이 너무나 정교하고 추상적으로 기술되었기 때문에 그것들의 기원이 지상의 진흙탕 속에 그 뿌리를 갖고 있다고 감히 생각하는 못하는 것이다.

그러나 푸코의 강의록 《비정상인들》에서 우리는, 현대 학문의 총아로서 견고한 이론과 권위를 자랑하는 정신분석학도 사실은 수많은 비과학적, 비합리적 텍스트와 사회적 실천들을 그 기원으로 갖고 있다는 것을 확인할 수 있었다. 이런 계보학을 적용해보면 모든 학문적 담론의 기원에서 우리는 온갖 비합리적인 권력 게임을 발견할 수 있다.

한 사회 안에서는 수많은 담론들이 생산된다. 그중의 어떤 담론은 '진실'이라는 지위를 얻어 나름의 의미 체계를 형성하고 그 사회에서 지배적 영향력을 행사하는데 반해 다른 담론들은 주변부로 밀려나 침묵을 강요당하고 결국 소멸되고 만다. 왜 어떤 목소리는 크게 들리고 다른 목소리 들은 들리지 않을까?

여기서 결정적인 기준은 '진실'이다. 한 담론이 다른 담론을 억제하고 배제하는 수단은 다름 아닌 '진실'이다. '진실'이라는 말 앞에서 사람들은 꼼짝 못하고 승복해 왔다. 그러나 '진실'은 과연 진실일까? 한 사회의 지적 헤게모니를 장악한 사람들이 '진실'이라고 결정하면 그것이 바로 진실이 되는 게 아닐까?

그러므로 담론의 생산자들은 서로 진실의 고지를 장악하려 격렬한 싸움을 벌인다. 1950년 6월에 북한군이 남쪽으로 밀고 내려왔다는 경험적 인식을 '진실'로 믿고 있던 사람들에게 다른 진영의 담론 생산자들은 그것이 진실이 아니라고 말한다. 전쟁을 일으키고 싶게 만든 반대편 세력에게 전쟁의 책임이 있다는 것이 진정한 '진실'이라고 말한다.

그 후 우리는 5·18의 진실, 세월호의 진실 같은 수많은 논쟁적 진실들 중 어느 하나의 진실이 헤게모니를 차지해 가는 과정을 지켜보았다. '독재'와 '정통성 없음'이라는 프레임으로 이승만 박정희 등 건국 대통령과 산업화 대통령의 존재를 완전히 지우는 것도 지켜보았다. 좌파와 우파 사이에서만이 아니라 윤석열의 집무실 이전 이슈에서 보듯 우파 내의 다수가 같은 진영의 소수를 가혹하게 입막음하는 행태도 지켜보았다.

하나의 진실이 헤게모니를 잡으려면 우선 상대 진영의 입에 재갈을 채워야 한다. 반대 의견을 가진 사람들을 완전히 침묵하게 하는 것이다. 푸코는 이것을 담론투쟁이라 이름 붙였고, 투쟁의 유용한 도구는 소외와 배제라고 했다. 즉 "말도 안 돼!"라는 강한 단언을 통해 공동체 안의 소수의견자들을 주류에서 소외 시키고, 그들을 입도 뻥긋하지 못하게 함으로써 담론의 장에서 완전히 몰아내는 것이다.

거기에는 물론 논리도 필요 없다. 극렬 페미니즘 덕분에 "여자들은 좀 가만 있어야지…" 같은 말은 최소한 공론의 장에서는 사라졌다. 하지만 "나이도 어린 것이…", 아니면 "늙었으면 좀 가만히 물러나 있어야지…" 등의 나이 낙인을 찍기도 하고, "교수 나부랭이가 뭘 안다고…" 같은 분서갱유적 반(反)지성의 방식을 사용하기도 한다.

하나의 진실에 수긍하는 사람의 숫자가 많아지면 그 사회의 헤게모니는 그 진영으로 넘어갈 것이다. 그러므로 진실에의 의지는 권력에의 의지다.

페이스북, 트위터 등 소셜 미디어의 발달로 이런 여론 조작은 더욱 쉽고 더욱 규모가 크고 더욱 강렬하게 되었다. 이것 또한 전자 감시 체제의 큰 폐해 중의 하나라고 할 수 있겠다.

앎은 더 이상 자율적인 지적 구조가 아니고, 사회 통제 체계와 연결되어 있다. 한 사회에서 '진실'이란, 학문이란, 앎이란 결코 순결무구한 것이 아니다. 그것은 언제나 권력과 욕망에 물들어 있다. 앎-권력의 개념은 정치적 허무주의 혹은 학문에서의 극단적인 상대성으로 흐를 염려 도 있다. 그러나 모든 사람들이 지식의 이런 성격을 이해하고 인정할 때 비로소 학문적 논쟁은 진정 학문다운 논쟁이 될 수 있을 것이다.

10

공간과 권력

회사 사무실에서 책상 배치를 새로 할 때 대부분의 사원들이 원하는 자리를
살펴보면 그것은 상급자의 시선이 닿지 않는 자리라는 것을 알 수 있다.
시선-권력의 이론을 모르는 사람들도 본능적으로 시선이 가진 힘에
두려움을 느끼고 있다는 것을 보여주는 사례이다.

모든 건축은 정치적이다

푸코의 앎-권력 메커니즘에서 공간은 기본적 요소이다. 그는 공간을 권력행사의 근본적인 요소로 본다. '공간의 배치에서 누가 힘을 얻는가?' 그리고 '누가 행동하고, 영향을 미치고, 행동을 좌지우지하는가?' 에 그는 관심을 기울인다.

그의 이러한 고고학적 개념이 인간 주체의 중심적 위치를 자리 이동하게 했다. 이제 인간은 더 이상 중심을 차지하고 있는 주체가 아니라 규율적 앎의 대상일 뿐이다.

〈공간, 앎, 권력〉(1980)이라는 글에서 푸코는 18세기 말에 건축이 정치적이 되었다고 말했다. 18세기 말의 건축과 도시계획상의 공간 배치 는 통치권의 합리성의 표현이고, 동시에 정부가 도시와 그 영토를 효과적으로 질서 있게 장악하는 수단이었다. 도시의 공간 배치 원칙이 그대로 국가에도 적용되었다.

공간배치를 보면 우리는 앎-권력의 메커니즘을 이해할 수 있다. 권력은 자신의 모습을 드러내기 위해 공간을 매개로 사용한다. 자세히 들여다보면 건축에서의 공간 배치는 그 자체가 권력의 위계질서이다. 그러므로 공간의 배치는 그 어떤 권력 행사에서도 기본적인 요소이다.

앎-권력 가설의 검증을 위해 푸코는 감옥, 병원, 학교, 요양원 등의 규율권력을 소개했다. 규율권력은 주체를 변형시키기 위해 감시에 의존하는데, 감시가 가장 분명하게 실행되는 곳이 감옥, 요양원, 학교 등이기 때문이다.

규율적 앎의 대상으로서의 인간과 제도를 알기 위해 푸코는 특히 18세기 제레미 벤담의 상상적 설계인 판옵티콘을 소개한다. 판옵티콘은 권력의 자동적인 기능을 확보하기 위해 피수용자가 의식적이고 지속적인 가시성의 상태를 유지하도록 설계한 건축물의 이름이다.

지속적인 가시성의 원칙은 수감자, 감시인, 건축적 공간 사이의 관계에서 발생한다. 공간의 배치에 의한 건축술은 사람들의 자리를 공간 안에 지정하고 그들의 상호 관계를 코드화 한다. 이어서 감시가 작동된다. 판옵티콘에서 공간은 감시가 최대한 효율적으로 수행될 수 있도록 배치된다.

판옵티콘에 대해서는 다음 장에서 자세히 다루기로 한다.

병영과 대학 연구실

병영이야말로 권력의 위계질서가 극명하게 드러나는 아주 탁월한 예이다. 각 계급에게 마련된 건물과 텐트의 자리에 의해 군의 위계질서가 그대로 드러난다. 난다. '이것은 정확히 건축을 통한 권력 피라미드의 현시이다.' 시선과 감시의 기능이 이처럼 적나라하게 드러나 있는 곳이 없다. 전통적인 야영지의 정사각형 평면은 18세기에 들어와 무수히 많은 도식에 의해 현저하게 정밀해졌다. 통로의 기하학적 배열, 텐트 입구의 방향 설정, 가로 세로 열의 배치 등으로 서로 감시하는 시선의 정확한 그물눈이 그려졌다. 야영지의 모델은 총괄적인 가시성의 효과로 작용하는 권력의 도해 그 자체이다.

그 후 오랫동안 도시계획에서 그리고 노동자의 공동주택지, 병원, 보호시설, 감옥, 학교 등의 건설 계획에서 이러한 야영지의 모델이 적용되었다. 최소한 정교한 감시의 원리를 공간 안에 구현시킨다는 그 기본 원칙만이라도 적용되었다.

감시체계는 건축 내부의 세밀한 부분에도 스며들어 있다. 유럽 전통의 기숙학교 식당에서는 식사 도중 생도감이 자기반 생도 전원의 식탁을 모두 볼 수 있도록 하기 위해 생도감의 식탁이 일반 학생들의 식탁보다 조금 높은 단상 위에 놓여 있다. 화장실의 칸에는 위아래가 뚫린 절반 크기의 문이 달려 있었는데, 그것은 담당 감시원이 생도의 머리와 발을 볼 수 있게 하기 위해서였다. 그러나 각개의 칸 안에서는 생도들이 서로의 모습을 볼 수 없도록 옆쪽으로 충분한 높이의 칸막이 벽이 설치되어있다.

조금만 관심을 기울여 보면 오늘날의 건축에서도 감시의 욕구가 교묘하게 숨겨진 디테일들을 발견할 수 있다. 개인의 수치심과 인격권을 무시하는 수많은 장치를 통해 건축물은 감시의 시선을 원활하게 하기 위한 무한히 세심한 배려를 담는다. 그것을 하찮은 것이라고 생각하는 사람이 있다면 그는 시선의 위력을 아직 모르는 사람이다.

대학의 교수 연구실에는 세로로 길게 난 고정 유리창이 있어서 복도를 오가는 사람들이 훤히 안을 들여다 볼 수 있게 되어 있다. 대학 당국이 유리에 종이를 바르는 것을 금지할 때 그것은 건축에 스며든 권력의 감시 욕구를 너무나 분명하게 보여주는 것이다.

교실의 배치는 살아 있는 일람표

개인의 공간 배치는 역사적으로 페스트의 모델과 관련이 있다. 규율 은 폐쇄적인 공간에서 가장 효력을 발생한다. 즉 수도원, 감옥, 학교, 병원, 작업장처럼 다른 사람들에게는 이질적이면서 자체적으로는 닫혀 있는 특정의 장소에서 감시가 효과적으로 이루어지기 때문이다. 효과적인 감시를 위해서는 공간에서의 개인 분할이 필수적이다. 감옥의 독방, 교실의 고정된 자리 등이 그것이다.

유럽에서는 18세기부터 모든 학생들에게 교실, 복도, 운동장에서 정렬할 때의 행과 열을 지정해주었고, 학급의 배치는 연령순으로 했으며, 학생 개개인의 이해도에 따라 학습내용의 난이도와 논의 주제를 차별화했다.

학교 제도의 이론을 정립한 라살르에 의하면 학급은 학생의 진도, 개인의 능력, 성적 등이 분명히 드러나도록 공간이 배분되어야 했다. 즉 "가장 높은 수준의 수업을 받는 학생은 벽 쪽에 가장 가까운 좌석에

나바르 중학교 복도. 1760년 경. 프랑수아 – 니콜라 마르티네의 판화.
Dessiné et gravé par François - Nicolas Martinet

앉도록 하고 학습수준이 낮은 학생일수록 교실의 가운데 자리에 앉도록 한다. 모든 학생은 자신의 일정한 좌석을 갖게 되며 학교 장학사의 명령과 동의가 없는 한 자기 자리를 떠나거나 바꿔서는 안 된다."

그는 또 근면 정도, 청결성, 양친의 재산 정도가 일목요연하게 드러나는 학급배치를 구상하기도 했다. "부모가 무관심하여 이가 들끓는 학생들은 청결하고 이가 없는 학생들과 떨어져 있도록 하고, 천박하거나 경솔한 학생들은 얌전하고 착실한 두 명의 학생 사이에 끼여 앉도록 하며, 신앙이 없는 학생은 혼자 있게 하거나 신앙심이 깊은 두 학생 사이에 앉도록 해야 할 것이다.”

서열은 신체를 개별화하는 전략이다. 개인들의 자리를 지정해 주는 방식으로 신체들을 분산 배치하고, 사람들을 분류하고, 등급을 매기고, 한 개인이 있을 위치를 결정해줌으로써 모든 신체들을 개인화한다. 학생들을 엄격한 기준과 서열에 따라 분류 배치한 교실은 일람표와 같은 모양이 될 것이다.

일람표는 18세기에 고안된 대표적 인식방법이다. 그것은 권력의 기술인 동시에 지식의 방법이었다. 예를 들면 식물이나 동물을 합리적으로 분류할 때, 혹은 상품과 화폐의 유통을 관찰하고 통제하고 조정할 때 이 방법이 효과적으로 사용되었다.

또한 병사들을 검열하고, 출결사항을 확인하고, 군대에 관한 일반적이고 항구적인 기록을 만들 때에도 일람표는 아주 유용한 분류 방법이었다. 환자들을 배치하고, 서로 격리시키고, 병원의 공간을 신중히 분할하고, 질병을 체계적으로 분류할 때에도 그러했다.

그런데 단어나 숫자 대신 살아 있는 사람들을 격자 눈금 안에 촘촘하게 박아 놓은 교실 공간은 글자 그대로 ‘살아있는 일람표’(tableau vivant)일 것이다. 규율권력의 최대 관심사는 혼란스럽고 무익하고 위험한 집단을 반듯하게 질서가 잡힌 집단으로 바꾸기 위해 ‘생체일람표’(tableaux vivants)로 만드는 일이었다.

중요한 것은 이 일람표의 요소들이 고정된 것이 아니고 가변적이라는 사실이다. 교실에서의 학생의 자리는 그의 성적 변동이나 품행의 향상에 따라 위치가 변했다. 여기에 규율권력의 요체가 있다. 한번 정

라 살르
St. Jean-Bapriste de La Salle, 1654~1719

해진 자리가 영원히 고정되어 있다면 학생들은 자포자기하여 자기 개선의 의지를 갖지 못할 것이다. 그것은 신체의 교정을 임무로 삼는 규율권력에게는 치명적인 일이다. 여러 신체를 한 곳에 뿌리박게 하지 않고 분산 배치하여 하나의 관계망 속에서 순환하게 하는 것, 이것이 바로 권력의 전략이었다. 이런 가변적이고 의무적인 배열 속에 각자의 자리가 정해지면 한 사람 한 사람에 대한 통제와 학생 전체의 동시학습이 가능해진다. 이렇게 해서 학교 공간은 교육을 위한 것일 뿐만 아니라 감시하고, 위계질서를 세우고, 상벌을 부과하는 기관이 된다.

현재 중·고등학교에서 실시되고 있는 고정된 학급 배치가 이런 면 권력의 기원을 갖고 있다니! "감옥이 공장이나 회사, 학교, 군대, 병원과 흡사하고 이러한 모든 기관이 다시 감옥과 닮았다고 해서 무엇이 놀랍겠는가?"라고 우리는 푸코를 흉내 내 말해 볼 수 있겠다.

대상을 알고자 하는 권력의 욕구 — 시험

학교를 다녔거나 다니고 있는 모든 사람에게 있어서 시험은 아주 친숙한 것이다. 학급에서의 공간 배치가 그랬듯이, 우리는 시험도 학습을 위해 유익한 것이라고 생각한다. 그러나 모든 기존 개념을 뒤집는 푸코의 전복적 사유에 의하면 시험의 내면에도 음험한 규율 권력의 전략이 숨겨져 있다.

시선은 곧 자격을 부여하고 분류하고 처벌할 수 있는 감시이며, 감시는 곧 규격화하는 시선이다. 이러한 감시와 상벌제도를 결합시켜 개인들을 분류하고 제재할 수 있는 가시성을 마련하는 것이 바로 시험이다. 시험에는 권력의 의식과 힘의 배치, 그리고 진실의 확립이라는 기제들이 한데 결합되어 있다.

선생과 학생 사이이건 아니면 자격증을 부여하는 기관과 개인 사이이건 간에 시험을 부과하는 사람과 시험을 받는 사람 사이에는 종속관계가 형성된다. 시험을 부과하는 사람은 시험받는 사람을 차가운 사물로 볼 뿐 그 하나하나의 내면에 감정과 주관과 개인 사정이 들어 있음을 알려고 하지 않는다. 한마디로 시험은 대상화 된 사람들의 예속화이자 또한, 예속된 사람들의 대상화이다. 그것은 사물화 된 개인들을 섬세하고 정밀한 기록과 자료의 영역 속으로 집어넣는 기제이다.

권력과 앎의 관계가 이렇게 극명하게 드러나는 더 좋은 예는 아마없을 것이다. 앎은 권력을 발생시킨다. 앎의 이중적인 의미에서 그러하다. 내가 아는 지식을 상대방은 모른다. 나는 그 상대방에 대해 우위를 점하고 있다. 한편, 상대방은 나에 대해 알지 못하는데 나는 그의 실력을 시시콜콜 알고 있다. 그가 시성의 불균형이 나를 우세하게 만든다. 얼핏 보기에 하찮아 보이는 이 기술 안에 앎-권력의 모든 영역, 즉 규율권력이 압축되어 들어 있다.

정신의학에서 교육학에 이르기까지 또한 질병의 진단에서 노동력의 고용에 이르기까지 널리 확산되어온 이 사소한 조직적 도식, 즉 시험이라는 아주 친숙하게 생각되는 방식이야말로 앎을 선취하고 구성하는 권력의 성격이 가장 극명하게 작동되는 메커니즘이다. 이 단 하나의 메커니즘 속에 지식과 권력이 결합되어 있다.

오늘날 시험제도는 점점 더 극성스럽게 뿌리를 내려, 시험에 의한 자격 없이는 무슨 일도 할 수 없게 되었다. 과거에 노인들이 용돈 벌이 삼아 했던 복덕방이 엄격한 시험을 통과해야 하는 공인중개사로 바뀌었고, 아이를 돌보겠다는 선의와 의지만 있으면 할 수 있었던 육아 도우미도 차츰 국가 공인의 자격증으로 바뀔 추세에 있다. 여기서 우리는 모든 인간사를 모두 관장하겠다는 권력의 미세하면서도 거대한 야심을 엿볼 수 있다.

개인을 통제하는 수단이 된 기록

개인화는 공간 배치와 밀접한 연관이 있으며 이것 역시 페스트에 그 기원이 있다는 것을 앞에서 본 바 있다. 페스트에서의 주민들의 행동 제한, 교실에서의 학생들의 자리 지정 등이 모두 개인화 현상이다. 규율권력은 공간 배치와 시험을 통해 개인을 제조했다. 개인은 권력 행사의 가장 적합한 대상이며 도구이기 때문이다. 개인화야말로 근대 권력의 가장 전형적인 특징이다.

근대의 권력은 과거처럼 과도한 행사를 통해 스스로의 초월적인 위력을 뽐낼 수 있는 의기양양한 권력이 아니다. 세심하게 개인을 관찰하고 그 자료를 꼼꼼하게 영구적으로 관리하는 소심하고 의심 많은 권력이다. 군주제의 위엄 있는 의식이나 국가의 대규모적인 기구에 비하면 소극적이고 보잘 것 없는 방식이다. 그러나 바로 이 방식이 서서히 보다 큰 권력의 형태들 속으로 파고들어 사회 전체의 권력행사 방식이 되었다.

역사적으로 오랫동안 일반 민중의 개인은 특별한 기술(記述)의 대상이 아니었다. 그저 '백성', '아래 것들'이라는 거대한 집단의 일원일 뿐 극단적인 경우 개인의 이름조차 필요 없었다. 요정이야기나 민담의 주인공들은 대부분 이름이 없다. 신데렐라(Cendrion)는 '재투성이 아가씨' 라는 뜻이고, 《미녀와 야수》의 벨(Belle)은 '예쁜 아가씨'라는 뜻이다. 당당한 이름으로 개인화되어 주목받고 관찰되고 상세하게 이야기된 다는 것은 하나의 특권이었다. 그것은 왕이나 영웅 같은 사람들에게만 해당되는 것이었다. 한 인간의 일대기, 인생 이야기, 생애의 흐름에 따 라 작성되는 역사적 기록은 모두 그의 권위를 드러내주는 의식의 구성 요소였다.

그러므로 봉건제 사회에서 개인화가 군주나 권력상층부에서만 이루어진 것은 당연한 사실이다. 권력이나 특권을 많이 보유할수록 제식(制式)과 담론 혹은 조형적인 표현에 의해 개인으로서의 모습이 뚜렷이 드러난다. 왕자나 공주들의 세례 의식 혹은 결혼식을 그린 그림이나 기록, 그리고 그들의 초상화를 생각해 보면 쉽게 이해가 갈 것이다.

그런데 근대의 규율 장치는 이런 관계를 전도시키고, 기술 대상의 수준을 낮추어, 개인에 관한 기술을 통제수단과 지배방법으로 활용하게 되었다. 이름 없는 개인에 대한 기록은 더 이상 후세 사람들의 기억을 위한 기념물이 아니라 필요한 경우에 따라 활용하기 위한 기록 문서일 뿐이다.

'사이코(psycho)'라는 어간을 가진 모든 학문이 바로 이러한 개인화 과정의 역사적 전도 속에 자리 잡고 있다. 이렇다 할 지위도 갖지 못한 평범한 한 개인이 시시콜콜한 관심과 조사의 대상이 되어 세밀하게 기록된 것은 정신분석학에서부터였다.

학교에서의 시험과 개인 기록이 학생들에 대한 지배 수단이 된 것은 이미 역사가 오래지만, 요즘에는 교수도 학생들의 강의 평가 혹은 논문 발표 같은 계량적 수치로 등급이 정해지고, 그 평가자료는 재단 혹은 대학 운영자들이 교수를 관리하는 수단이 되고 있다.

일반회사에서는 사원들의 모든 정보를 기록으로 갖고 있는 인사과가 생산 활동이 있는 것도 아니고 부가가치를 내는 것도 아닌데 회사 조직에서 막강한 권력을 행사하고 있다. 기록의 권력화를 보여주는 좋은 예이다. 물론 우리는 사생활 보호니 개인의 인격 침해니 하면서 학교의 기록 정보화 작업이나 교사평가를 반대하는 고교 교사들의 주장에 동의할 수 없다. 개인이건 국가건 살아남기 위해서는 경쟁력을 높이는 일이 최우선 과제이며, 디지털 사회가 아무리 삭막해도 우리가 그 이전의 사회로 돌아갈 수는 없다는 것을 인정해야 하기 때문이다.

학생들의 실력 향상과 인성 교육, 교수들의 교육 및 연구 의욕 고취, 그리고 기업의 이윤추구라는 명분이 우리로 하여금 푸코의 권력 개념을 선뜻 받아들이기 어렵게 만드는 측면도 있다.

앤서니 기든스(Anthony Giddens)도 죄수를 물리적으로 가두는 감옥 공간에서 적용되는 감시와 규율의 메커니즘을 자유로운 사람들을 모아 일이나 훈련을 시키는 공장이나 학교의 통제 메커니즘과 동일시하는 것은 문제라고 비판한 적이 있다.

그러나 그 모든 것을 다 감안하더라도 점점 더 인간을 관리대상으로만 삼는 현대 사회의 씁쓸함은 그대로 남는다. 그리고 비록 부분적이라 하더라도 권력의 지배욕이 고매한 이념 뒤의 냉정한 진실이라는 사실 또한 부인할 수 없다.

11

판옵티콘

빛과 권력

전통적으로 권력이란 남에게 보이고 스스로를 드러내며 자기를 과시하는 움직임에서 힘의 원리를 발견했다. 공개처형에서의 떠들썩한 힘의 과시가 그것이었다. 1666년 루이 14세의 호화스러운 열병식도 그 좋은 예이다. 1만 8,000명의 병사가 참가한 이 열병식은 그의 치세 중 가장 훌륭한 행사의 하나였으며, 전 유럽을 불안하게 만들었다고 한다. 같은 시기에 죄수들은 빛도 들어오지 않는 밀폐된 지하 감옥의 어둠 속에 갇혀 있었다.

그런데 공개처형 제도가 점점 부담스러워졌다. 카니발의 광장에서 권력과 죄수 사이의 역할의 전도가 일어났기 때문이다. 호사스러운 열병식도 부담스럽기는 마찬가지였다. 그래서 이제 권력은 자신의 모습을 감추면서 힘을 행사하게 되었다. 군주의 지속되기 어려운 가시성이 신하들의 불가피한 가시성으로 전환되었다. 예전에 민중은 '보는 사람', 권력은 '보이는 사람'이었다. 그러나 이제가 시성은 전도되어 권력은 '보는 사람', 민중은 '보이는 사람'이 되었다. "군주는 늘 불면증이며 유리집을 꿈꾸고 있다"라는 17세기 영국의 철학자 토마스 홉스의 말은 이 가시성의 전도를 한마디로 압

1666년 루이 14세의 열병식 기념 메달.

축하여 보여주고 있다. 근대의 판옵티콘적 권력은 사람들에게 가시성의 의무를 부과한다. 새로운 장치에서 자신을 드러내 보여야 할 사람은 권력이 아니라 복종하는 자들이다. 빛 속에 드러냄으로써 권력의 지배가 확보된다.

빛은 권력의 영역이고 어둠은 피지배의 영역이다. 1970년대에 뉴욕시 전체가 정전되었을 때 폭력과 약탈이 횡행하는 무정부 상태가 된 적이 있다. 정전이라는 사실 하나만으로 기적처럼 권력 전체가 해체된 것이다. 빛이 없어지면 권력도 없어지는 것이다.

가시성이야말로 예속을 극대화시킨다. 규율의 대상인 개인을 예속의 상태로 유지하는 것은 끊임없이 보이고, 또 항상 보일 수 있다는 가능성이다. 캄캄한 어둠이 아니라 밝은 빛 속에 들어왔으므로 훨씬 더 인간적이라고 생각하면 오산이다. 상식과는 달리 어둠은 사람을 편안하게 감추어주고 빛은 잔인하게 그를 드러내준다.

그런데 가시성이란 시선에 의해 이루어지는 것이므로, 바라봄을 허용하는 기술이 권력의 효과를 이끌어내는 장치이다. 완벽한 감시가 이루어지려면 단한번의 시선만으로 모든 것을 볼 수 있어야 한다. 하나의 중심점이 있어, 그것이 모든 것을 비추는 광원이 되는 동시에 알아야 될 모든 사항이 집약되는 지점이 되어야 한다. 즉 그것은 그 무엇도 피할 수 없는 완벽한 눈이고 모든 시선이 그쪽을 지향하는 중심이 되어야 할 것이다. 18세기 후반에 원형 건축물들이 크게 유행했던 이유는 그것이 어떤 정치적 유토피아를 표현하고 있기 때문일 것이다.

판옵티콘 이전의 판옵티콘

완벽한 감시의 장치는 영국의 공리주의 철학자 제레미 벤담이 1791년에 제안한 원형감옥이다. 그의 책 제목이기도 한 '판옵티콘'은 하나의 시선만으로 모든 것을 볼 수 있는 감옥 건물을 뜻한다. 그리스어로 '다 본다'(pan opticon)라는 의미의 판옵티콘은 물론 벤담의 독창적인 아이디어는 아니다.

그 당시 병원 건축에서 이미 감시를 중시하는 원형 건물이 지어지고 있었다. 의사 프티가 방사형 복도를 갖춘 원형의 배치를 추천했다는 기록도 있다. 이 시기에 크게 발전한 생리학과 의학 덕분에 병원 건물들 은 공기가 잘 순환되도록 각 병동이 각기 외부로 열리는 구조로 건축되었다.

중앙 감시의 원리가 적용된 건축물로 판옵티콘 이전에 가장 널리 알려진 것은 건축가 클로드 니콜라 르두(Claude-Nicolas Ledoux, 1736-

1806)가 설계하여 1775-1779년에 프랑스의 아르크 에 스낭(Arc-et-Senan) 마을에 건립한 왕립 제염소(製鹽所) 건물이다. 전체적인 원형 구성 속에서 파편화와 중앙감시를 결합해 집중화와 개별화라는 정치적 유토피아의 이상을 아주 잘 구현하고 있다.

설계에 의하면 원형으로 배치된 건물들의 안쪽 마당 중심에 높은 건물이 하나 들어선다. 이 중앙 건물에서 모든 명령이 내려지고, 모든 활동이 기록되며, 모든 과오가 포착되고 평가된다. 내부의 예배당에는 눈을 상징하는 둥근 창이 있다.

판옵티콘의 전원 모델이라 할 수 있는 이 제염소 건물이 완성되었다면 관리, 감시, 단속, 검사의 모든 기능이 정확한 기하학적 배치만으로 즉각 실행될 수 있었을 것이고, 그렇게 되면 이 건물은 행정, 치안유지, 경제적인 기능 그리고 복종과 노동의 장려라는 종교적인 기능까지 모두 떠맡았을 것이다. 아쉽게도 전체 계획 중 절반만 실행되어, 이상적이지만 실재하지 않는 가상의 유토피아로 남아 있다.

르두의 설계는 현재 남아 있는 건물만으로도 관광객의 시선을 사로잡기에 충분하다. 지난 90년대 초 이곳을 방문했을 때, 200년 전에 지어진 현대적 건물의 위용과 실현되지 않은 건물 설계의 독창성을 보고 건축가 르두의 천재성에 감탄했던 기억이 새롭다.

푸코는 베르사유에 세워진 루이 14세의 원형 동물원이 벤담에게 영감을 주었을 것이라고 했다. 건축가 루이르보(Louis Le Vau, 1612-1670)가 베르사유에 건설한 동물원은 팔각형 건물 각 면 중 7개의 면이 동물 우리고 하나는 출입구이다. 중앙에 있는 건물의 2층이 왕의 객실

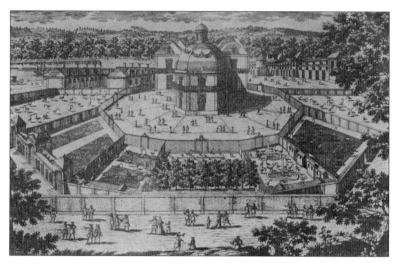

루이 14세 시대의 베르사이유 동물원. 왕은 중앙 건물 2층에서 창문을 한 바퀴만 돌면 각 우리의 동물들을 일목요연하게 볼 수 있었다. 건축가 르 보(Le Vau), 판화 아를린 (Areline).

인데, 여기에는 모든 면이 커다란 창문이어서 왕은 이 방에 앉아 각 우리의 동물들을 쉽게 구경할 수 있었다.

　당시에 발달한 박물학의 영향을 받아 지어진 것으로 구성 방식이나 건축적 형태 특히 일목요연(一目瞭然)한 시선의 방식이 판옵티즘을 예고하고 있다. 그러나 벤담이 판옵티콘을 구상할 당시에는 이미 오래 전에 구조가 변경되고 더 이상 운영되지 않는 상태였기 때문에 벤담이 이 동물원의 존재를 알고 있었는지 확실치 않다.

　벤담 자신은 러시아 해군에서 배를 건조하던 동생의 작업장을 방문한 뒤 판옵티콘의 아이디어를 얻었다고 말했다.

최대다수의 최대행복

벤담은 '최대 다수의 최대 행복'이라는 말로 요약되는 공리주의 (utilitarianism, 功利主義)의 철학자이다. 공리주의는 효용을 모든 가치의 원리로 보는 사고방식이다. 최대 다수의 사람들에게 최대의 행복을 가져오는 일이야말로 모든 도덕의 기초이며, 그것에 적합한 행위일수록 바른 것이라고 했다. 하나의 행위는 사람들의 행복을 증진시키는 경향을 가질 때 옳은 행위이고 그 반대의 경우는 그른 행위가 된다.

공리주의의 입장에서 형사처벌이 합리적일 수 있는 것은 그것이 사회를 보호하기 때문이다. 즉 범죄자를 교화하여 더 이상의 범죄를 막고 다른 사람들도 범죄의 유혹에 빠지지 않도록 해주기 때문이다. 이런 입장은 현대의 형사법에도 일부분 반영되어 있다.

벤담은 정부의 권력을 제어하기 위한 대의민주주의를 강조했고, 보편평등선거와 정기국회의 필요를 역설했으며, 여성에게도 투표권을 주어야 한다고 주장했다. 당시로서는 매우 급진적인 사상이었다. 그는 또 정부의 관료를 시험제도로 뽑아야 하고, 이들이 인민의 주인이 아니라 종복임을 강조하기도 했다. 그의 공리주의 정치철학은 존 스튜어트 밀 등에 의해 정교한 형태로 발전되어 서구 자유민주주의의 철학적 기초를 제공했다.

벤담은 노동과 검소를 삶의 규칙으로 삼아, "내 인생의 모든 순간은 계산되어있다"라고 말할 정도로 일체의 죽은 시간(불필요한 시간)을 최소화 했다. 엄격하게 절제된 식단으로 식사했으며, 손님 초대 식사와 여행을 싫어했고, 칩거생활과 고독을 높이 평가했다. 일하지 않고

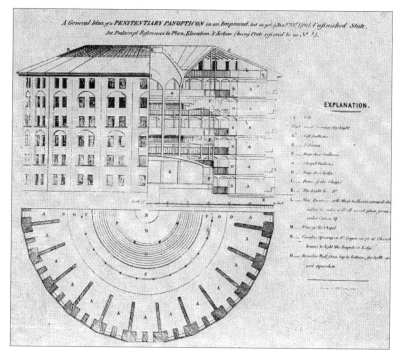

제레미 벤담, 판옵티콘 설계도. J. Bentham, Plan du Panopticon.

낭비되는 시간에 대해 강박관념을 가진 그는, 축제일이 너무 많은 것을 유감스러워 했으며, 휴식은 빈 시간에 한해서만 엄격하게 제한했다. 노동과 절제된 생활에 최대의 가치를 부여하고, 모든 것을 경제 질서로 보려 했던 그의 사고에서 우리는 초기 서구 부르주아 계급의 윤리를 읽을 수 있다. 상류층 자제에 국한되던 대학교육을 중산층 젊은이들에게까지 확대 시켜 실용적인 교육을 하기 위해 그는 런던대학(University College London)을 설립했다. 1832년 84세의 나이로 죽을 때

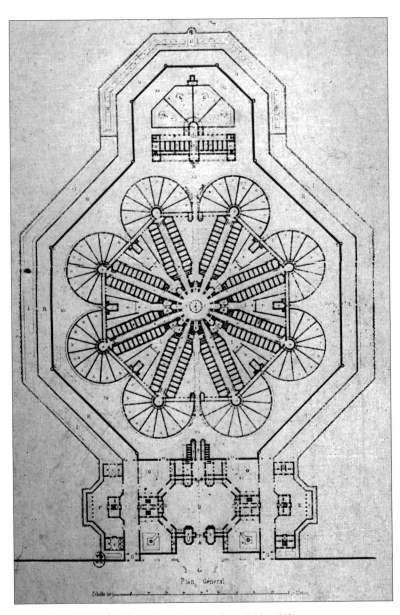

1843년 건축가 블루에의 감옥 설계도. A. Blouet, Projet de prison cellulaire, 1843.

런던대학의 제레미 벤담 유해 보존 사진.

는 자신의 몸을 시 신 해부용으로 내 놓아 끝까지 공리주의를 실천했다. 그의 유해는 방부 처리되고 밀랍으로 만든 두상이 덧붙여진 채, 의자에 앉아 있는 모습으로 지금도 런던 대학에서 관광객들을 맞이하고 있다. 관속에 누워 있는 유해의 보존은 흔한 일이지만 이처럼 의자에 앉아있는 유해의 보존은 매우 특이하다.

당대의 유명한 정치 사상가였던 그가 왜 하필 감옥 건축을 구상했을까? 그것은 감옥이 모든 것을 통제할 수 있는 닫힌 세계로서 이상적인 실험공간이기 때문이다. "만일 다수의 사람에게 일어나는 일을 모두 파악 할 수 있고, 우리가 원하는 방식으로 이끌 수 있도록 그들을 에워쌀 수 있으며, 그들의 행동과 인적 관계 및 생활환경 전체를 확인하고, 그 어느 것도 우리의 감시에서 벗어나거나 의도에 어긋나지 않도록 할 수 있는 수단이 있다면, 이것은 국가가 여러 주요 목적에 사용 할 수 있는 정말 유용하고 효과적인 도구임에 틀림없다"라고 그는 말했다.

판옵티콘은 일차적으로는 죄수를 교화하기 위한 감옥의 설계지만, 벤담은 이 원리가 환자를 치료하는 데에도, 미친 사람을 가두는 데에도, 거지와 게으름뱅이를 일하도록 하는 데에도 유용한 방법이 될 수 있다고 했다. 이 원리가 적용되면 "도덕이 개혁되고, 건강이 보존되며, 산업이 활성화되고, 훈령이 확산되며, 대중의 부담이 덜어지고, 경제가 반석에 오른다"라고 그는 책에서 썼다.

벤담은 판옵티콘의 운영자가 되려는 야심으로 설계도를 그리고 모형을 만드는 데에 매년 2천 파운드 이상 소비했고, 1799년에는 1만

2,000 파운드를 주고 밀뱅크 부지를 매입하기까지 했다. 그러나 그의 명성과 영향력에도 불구하고 1811년에 영국정부는 판옵티콘의 건설 계획을 포기하여 벤담은 빚더미에 올라앉게 되었고 그의 원대한 구상은 빛을 보지 못했다. 그러나 판옵티즘의 원리는 그 후 감옥, 공장, 병원, 학교 등의 건축에서 널리 적용되었다.

자유민주주의에 대한 벤담의 기여를 강조했던 학자들은 판옵티콘을 한갓 이해하기 힘든 엉뚱한 에피소드로 치부했었다. 판옵티콘에 대한 연구도 빅토리아 시대의 영국사나 건축사 등 전문 분야에 한정되어 있었다. 그러나 푸코가 《감시와 처벌》을 통해 이것을 현대 감시 체제의 원형으로 소개하면서 판옵티콘은 근 200년 만에 사람들의 뜨거운 관심을 받으며 새롭게 각광받기 시작했다.

판옵티콘의 원리 — 시선의 비대칭성

판옵티콘의 개념도는 다음과 같다. 반지 모양의 원형건물 안마당 중심에 탑이 하나 있다. 탑에는 여러 개의 큰 창문이 뚫려 있고, 반지 모양의 원형 건물은 독방들로 나뉘어져 있다. 독방 하나하나는 건물의 앞면에서 뒷면까지를 차지하고 있어서 항상 빛이 통과하고 있다.

중앙의 탑에는 지그재그의 칸막이가 설치되어 있어서 안이 들여다 보이지 않는다. 여기에 감시인을 한 명 배치하고 각 독방 안에는 죄수를 한 사람씩 감금한다. 중앙 탑은 빛이 차단되어 있어서 감시인이 있는지 없는지를 확인할 수 없지만, 수감자들은 역광에 의해 언제나 환하게 모습이 보이도록 되어 있다.

1840년 건축가 아루 – 로멩의 감옥 구상도. 독방에 갇힌 한 수감자가 중앙 감시탑을 향해 기도를 드리고 있다.

N. Harou - Romain, Projet de pénitentier, 1840.

시선의 불균형, 시선의 비대칭을 이보다 더 잘 실현시킨 건물은 일찍이 없었다. 푸코는 그래서 벤담의 판옵티콘을 정치학에서의 콜럼버스라고 말한다.

죄인을 가두고, 빛을 차단하고, 그들을 사람들로부터 숨겼던 옛 지하 감옥의 세 가지 기능 중에서 첫 번째만 보존하고 나머지 기능을 없앤 것이라 할 수 있다. 밝은 빛과 시선 앞에 드러냈으므로 얼핏 생각하면 죄수에 대한 인간적인 대우라고 할 수도 있다. 그러나 밝은 빛은 감시자의 시선으로 하여금 죄수들을 더 잘 파악할 수 있게 한다는 점에서 더욱 교묘한 통제의 방식이다.

과거 지하 감옥의 어둠은 역설적으로 죄수들을 보호하는 구실을 했다. 폐쇄된 지하 감옥에 갇혀 있었기 때문에 몽테크리스토 백작은 간수의 방해를 받지 않고 탈옥을 준비할 수 있었다. 그런데 보호의 구실을 하던 어둠이 사라지고 빛이 들어섰다. 이제 감시자는 훨씬 수월하게 사람들을 감시하고 통제할 수 있게 되었다. 가시성의 상태가 바로 함정이 된 것이다.

이 무서운 가시성은 고야의 그림에 나오는 것 같은 죄수들의 우글거림과 소란을 막아준다. 자기 독방에 얌전히 갇혀 있는 죄수들의 모습은 정면의 감시자에게 보이지만 막상 그들은 감시자를 볼 수 없다. 또한 독방들은 측면 벽이 칸칸이 나뉘어 있기 때문에 동료들 간의 접촉도 불가능하다. 타인에게는 보이지만 자기 자신은 타인을 볼 수 없고, 일체의 횡적인 소통도 단절되어 있다. 정보의 대상일 뿐 결코 커뮤니케이션의 주체가 아니다.

이 공간 배치는 참으로 효율적이다. 만일 갇힌 사람들이 기결수라면 함께 모여 음모를 꾸미거나 새로운 범죄를 조직하거나 집단도주를 계획 하거나 상호 간에 나쁜 영향을 미칠 위험이 없다.

만일 환자들이라면 병이 전염될 염려가 없고, 광인들이라면 자기들끼리 폭력적 행동을 벌일 위험이 없으며, 어린이들이라면 소란스럽게 떠들고 장난칠 위험이 없다. 만일 노동자들이라면 서로 주먹다짐을 하거나 결탁의 위험이 없으며, 작업을 지연시키거나 사고를 유발하는 태만도 막을 수 있다.

개인들을 한 곳에 모아놓음으로써 야기되던 집단효과, 즉 수많은 해악이 교환되던 현상이 사라진다. 감시자에게는 통제가능한 다수성이요, 갇힌 사람에게는 오로지 보여지기만 하는 유폐된 고독이다.

판옵티콘의 도식은 그 특징 중 어느 것도 잃지 않은 채 사회 전체로 확산될 수 있다. 규율권력이 제대로 행사되려면 지속적이고 철저하며 어디에나 있고 또한 모든 것을 가시적으로 만들면서 자신은 보이지 않는, 그러한 감시수단을 갖추어야하는데 판옵티콘이 그 모든 것을 다 갖추고 있기 때문이다.

판옵티콘의 더욱 중요한 효과는 그 메커니즘의 자동성이다. 감시자의 모습이 죄수들에게 보이지 않는다는 사실이 이 메커니즘의 효율성을 한층 높여 준다. 보이지 않으므로 감시인이 거기에 앉아 있는지 없는지 죄수들로서는 확인할 길이 없다.

그러나 감시인이 있다는 사실은 알고 있으므로 그는 자신이 항상 감시 받고 있다는 의식을 갖게 된다. 이렇게 항상 누군가에게 감시받고

프레느 감옥 강당에서 행해졌던 알콜 중독 예방 강연.

L'auditorium de la prison de Fresnes.

있다는 의식만 있으면 된다. 이 항구적인 가시성이 권력의 자동적 기능을 확보해 준다. 감시의 효과를 지속적으로 만들어주는 이 항구적 가시성은 실제에 있어서 지속적일 필요가 없다.

여기서 벤담은 권력은 가시적이어야 하나 확인될 필요는 없다는 원칙을 제시한다. 보고-보이는 한 쌍의 지각 행위를 해체하여 시선의 비대칭, 불균형, 차이 등으로 움직이는 이 장치는 마치 자동기계와도 같아서 누구나 그 자리에 들어가면 간단히 작동시킬 수 있다. 정보기관의 수장(首長)이 누가 되든 감시 기능은 자동적으로 돌아간다. 소위 권력의 익명성이다.

판옵티즘의 감시는 사회 전체를 지각 대상으로 만드는 얼굴 없는 시선이다. 그것은 도처에 매복되어 있는 수천 개의 눈이고, 움직이면서 항상 경계를 게을리하지 않는 온갖 주의력이며, 위계질서화한 그물눈이다.

사회 전체에 널리 퍼져 있는 미시-권력, 또는 끊임없이 변화 수정되는 일상적 권력의 탄생이다. 푸코가 《말과 사물》에서 제기한 주체의 사라짐일 수도 있다. 자신의 모습은 철저하게 가린 채 사회전체를 지속적으로 감시하는 편재적(遍在的)시선만 남는다. 마치 얼굴 없는 시선과도 같다.

그러나 그 권력이 누구냐의 문제가 남는다. 그것은 얼굴 없는 권력이고, 추상적인 권력이며, 익명의 권력이다. 타인이 나에 대해 권력이고, 내가 또한 타인에 대해 권력일 수 있다. 학생에 대한 교수의 권력은 강의 평가라는 수단에 의해 전도되고, 공직에서 하급자에 대한 상급자의 권력은 다면평가로 전도된다. 자동금전인출기 또는 지하주차장에서 나를 겨누고 있는 CCTV카메라가 기분 나쁘지만 그것이 또 범죄를 막아주어 나를 이롭게 하기도 한다.

12

무서운 세상
- 전자 판옵티콘의 시대

2000년대 초까지는 이게 화제였다

'국내 유수의 한 기업에서는 사원증이 크레디트카드 기능을 갖고 있다.

사원증으로 식사하고, 사원증으로 신문도 사서 본다. 회사는 사원 개개인이

불고기를 좋아하는지 갈비탕을 즐겨먹는지 파악하고 있다.

사원증으로 위치가 파악되기 때문에 현재 화장실에 있는지, 자기 층에 있는지,

아니면 건물 밖에 있는지가 모두 체크된다. 출퇴근 시간도 실시간으로 체크되어

상사에게 이메일로 전송된다. 사원증이 일정시간 움직이지 않으면 본부에서

연락이 온다. 사원증을 책상위에 올려놓고 밖에 나가 놀고 있다는 증거이기

때문이다. 밤에 일정 시간이 되면 건물 전체가 자동 소등이 되는데

사원증이 남아있으면 소등되지 않는다. 사원들에게는 완전히 전자 족쇄가

채워져 있는 셈이다. 회사가 감옥과 닮았다고 해도 과히 틀린 말은 아닐 것이다.'

〈악마는 프라다를 입는다〉의 경우

뉴요커의 라이프 스타일과 화려한 명품이 결합되어 온 세계 젊은 여성들을 매혹시켰던 소설 《악마는 프라다를 입는다(The Devil Wears Prada)》(2004)에는 최첨단의 사무실에서 직원들이 당하는 세세한 감시를 묘사하는 장면이 있다. 최고급 패션 잡지 편집장의 비서로 채용된 주인공 앤드리아는 회사에 출근한 첫 날에 자기가 찍은 기억조차 없는 사진이 박혀 있는 ID카드를 받는다. 그것은 촬영용으로 협찬 받는 옷과 보석 등이 도난당하는 것을 막기 위해 사방에 설치되어 있는 보안 카메라 앞을 지날 때 찍힌 사진이다.

판독기에 카드를 대면 두꺼운 유리문이 철컥 열린다. 만일 잡지사의 간부나 경영진에서 그녀가 무슨 일을 하고 있는지를 알고 싶다면 카메라와 카드 기록만 보면 된다. 우선 로비에서 경비 데스크를 지날 때,

영화 〈악마는 프라다를 입는다〉의 장면들. 사방에서 감시카메라가 번쩍이고 직원의 행동 일체를 ID카드로 감시 하는 뉴욕의 첨단 사무실의 모습이다.

그리고 잡지사가 있는 층의 입구에서 문 안으로 들어오기 위해 감지기에 카드를 대는 순간부터 그녀의 위치는 파악된다. 그녀가 일을 하고 있는지도 그런 식으로 파악된다.

ID카드는, 돈을 충전해 놓으면 쓸 때마다 빠져나가는 현금카드 기능도 있다. 레스토랑에서 식사를 할 때는 물론, 신문판매대에서 책이나 잡지를 살 때, 그리고 피트니스 센터에서 운동을 할 때도 이 카드를 사용한다. 그러니까 회사에서는 그녀가 무엇을 먹는지, 어떤 신문을 보는지, 어 떤 종류의 운동을 하는지 까지도 이것을 통해 알 수 있다. 마치 영화 〈슬리버(Sliver)〉(1993), 히치콕의 〈이창(Rear Window)〉(1954)을 기본 골격으로 삼고 엿보는 심리를 소재로 한 스릴러. 샤론 스톤 주연) 의한 장면 속으로 들어온 듯한 느낌이다.

"아니 우리가 뭘 먹는지도 상관한단 말이에요?"라고 앤드리아가 묻자 "어쨌든 회사에서는 다 파악할 수 있어요. 그래야 윗사람들이 체계적으로 일하는데 도움이 된다나 봐요"라고 선임 비서인 에밀리가 대답 한다.

"체계적이라고? 직원들이 어느 층에 가 있는지, 점심으로 양파 수프를 좋아하는지 시저 샐러드를 좋아하는지를 알아내는 것을 체계적인 경영이라고 규정한 회사에 내가 다니고 있단 말이야?"라고 앤드리아는 속으로 분통을 터뜨린다.

이 감시를 피하는 방법을 선임비서가 알려준다. "밖으로 나가야 한다면, 내게 카드를 줘요. 그럼 내가 체크해 줄게요. 그렇게 해야 당신이 하루 종일 자리를 비워도 월급을 받을 수 있어요. 내가 자리를 비울 경우엔 당신이 그렇게 해주면 돼요. 다들 그렇게 하거든요."

그러나 윗사람들이 정말 철저하게 조사하고 싶다면 보안카메라에 찍힌 시간을 체크하는 방법이 있다. 영화 속의 인물들만이 아니라 한국 기업 회사원들에게도 이미 일상사가 되어버린 감시체제이다.

전자 판옵티콘

앤드리아의 사무실과는 비교도 할 수 없지만, 연구실에 앉아 있으면 맞은편 벽 45도 각도에서 전자 보안 장치가 끊임없이 반짝거리며 나를 내려다보고 있다. 어떤 시스템으로 되어 있는지 알 수 없지만 내 행동이 모두 기록되어 누군가 마음만 먹으면 뒤로 돌려볼 수 있는 것이 아닌가 하는 생각이 들어 별로 기분이 좋지 않다.

고대 희랍 이래 서양 문명은 다수가 한 사람을 보는 스펙터클의 사회였는데, 18세기 말부터 19세기 초에 이르는 동안한사람이 다수를 보는 감시사회로 바뀌었다고 푸코는 말했다. 푸코는 인터넷이 전세계적으로 확산되기 이전인 1984년에 죽었다. 가공할만한 대량 전달력을 가진 인터넷이 우리의 삶 속에 더욱 미세하게 깊이 스며들어 우리를 감시하고 있는 현상을 그가 보았다면 어떤 이야기를 했을까?

1942년 지멘스(Siemens)가 개발하고 1967년 포토스캔(Photoscan)사가 상용화 시킨 폐쇄회로 텔레비전(CCTV)에 의해 우리는 24시간 내내 감시당하고 있다. 여러 곳에서 일어나는 사건이나 사람들의 행동을 중앙 통제실에서 동시에 관찰할 수 있는 이 장치는 현대 전자 감시 체제의 꽃이라 할 수 있다.

폐쇄회로 텔레비전이 가장 많이 보급된 나라는 단연 영국이다. 전국에 420만 대의 폐쇄회로 감시카메라가 깔려 있어 국민 14명당 1대 꼴이다. 이 비율은 유럽이나 북미의 어느 국가보다 높은 수준이다. CCTV들은 런던 중심가로 통행하는 차들의 번호판을 촬영하고 감식하여 도난 차량이나 범죄 차량을 실시간으로 적발한다. 보통 런던 시민이 하루 평균 감시카메라에 찍히는 회수는 300번 정도라고 한다.

한국에는 CCTV가 몇 대나 설치되어 있는지 아무도 모른다. 설치후 신고할 의무가 없기 때문이다. 그렇지만 시장은 매년 커져 한해 5,800억 원에 이를 정도다. 삼성전자는 2005년까지 우리나라에 설치된 CCTV가 56만 대에 이른다고 추산했다. 한번 설치하면 최소 5년은 쓸 수 있다는 점을 감안하면 현재 우리나라에 동작 중인 카메라는 어림잡아도 250만 대수준이다. 국민 19명당 1대 꼴이다. 2006년 한 신문은 강남구 삼성동에서 명동의 회사에 출근하는 한 직장인의 하루를 추적하여 서울시민이 하루에 평균 카메라에 찍히는 회수가 39번이라고 보도했다. 한국인들은 폐쇄회로 텔레비전이 공공의 안전을 위한 어쩔 수 없는 감시라고 생각해 거의 거부감을 갖고 있지 않다.

외교통상부는 2008년 8월부터 생체인증여권(전자여권)을 발급하고 있다. 인권단체연석회의는 "민감한 생체정보가 국제적으로 노출될 수 있어 개인의 프라이버시를 중대하게 침해한다"라며 그 위험성을 경고했지만 전 세계적 흐름을 막을 수는 없었다.

2015년에는 전자건강보험증을 만들려다 여론의 반대에 부딪혀 무산되기도 했다. 혈액형, 알레르기 약물과 같은 정보와 함께 자세한 병력이나 성병 감염과 같은, 개인이 누설하고 싶지 않은 정보가 함께 수용될 여지가 있다는 반대 여론 때문이었다.

빠르게 발전하고 있는 중국도 예외는 아니다. 중국 전체 수출의 30% 이상을 올리는 중국 최고의 부자 지역 광동(廣東)성에는 2007년 말까지 100만 대의 감시카메라가 설치될 것이라 한다. 주민이 9,000여만 명이므로 평균 90명당 한 대 꼴이다. 광저우시의 경우 도심 거리와 상가, 호텔 등에 9만 대의 감시카메라가 이미 가동 중이고, 경제특구1호인 선전에도 이미 20만 대의 감시 카메라가 설치되어 있다.

여기에 더하여 중국 정부는 개인의 전과 기록과 신용카드 사용내역, 지하철 이용기록 같은 은밀한 정보까지 담은 RFID(Radio Frequency Identification, 무선주파수 인식기술) 방식의 2세대 전자 신분증 발급도 서두르고 있다.

2001년 미국의 슈퍼볼 경기장에서는 10만 명의 입장객 얼굴을 비디오카메라로 찍어 미리 준비된 위험인물 리스트와 즉각적으로 비교하는 기술이 선보여 사람들을 놀라게 했다. 미국 인권협회는 시민들의 얼굴을 바코드로 만들어 감시하는 빅 브라더라고 이 발상을 비판했다.

한 지역에만 국한하여 감시할 수 있는 폐쇄회로 텔레비전에 비해 지구주위를 도는 24개의 인공위성과 통신하면서 자신이 어디에 있는지를 알려주는 위치추적장치(GPS, Global Positioning System)는 더 대량으로 기동력 있게 감시할 수 있는 장치이다. 적의 군사적 동향을 감시하기 위해 개발된 이 장치는 이제 자동차 운전자들이 편리하게 쓸 수 있는 장치로도 우리 일상생활 깊숙이 들어와 있다.

위성과 결합할 경우 휴대전화도 훌륭한 감시 수단이 된다. 미국은 9·11 테러 이후 휴대전화를 이용한 위치 추적 시스템을 의무화하는 조항을 만들었고, 한국도 휴대전화를 통한 위치 추적을 의무화하고 있다. SK텔레콤은 자녀의 PC 관리를 위한 서비스를 개발했다. 엄마가 집을 비운 사이에 아이들이 PC로 성인 사이트 등 유해 콘텐트에 접속하면 휴대전화 문자메시지로 엄마에게 곧바로 알려준다. 빅 브라더가 아닌 빅 마마의 등장인 셈이다.

휴대전화는 청소년들이 마치 애완물과도같이 애지중지 아끼는 것이지만, 알고 보면 아주 무서운 감시도구이다. 최근 많은 사람들의 전화를 받는 위치에 있었던 어떤 인사는 검찰의 출두 명령을 받고 깜짝 놀랐다. 어느 범죄자의 휴대폰 통화기록에 그의 전화번호가 남아 있었기 때문이다. 그의 확실한 신분과 부재증명으로 검찰의 조사를 받는 번거로운 일은 피할 수 있었지만, 그 인사는 핸드폰이 무서운 감시 도구로 돌변 할 수 있다는 점을 실감했다. 만일 힘없는 보통 사람이었다면 그는 영락없이 자신과 무관한 범죄에 휘말려들었을 것이다.

국가기관은 간단한 법적 절차만 밟으면 물론 도청도 할 수 있다. 그러나 도청이라는 고비용의 수단이 아니라 평범한 통화기록만으로도 우리는 미시권력의 그물망에 꼼짝없이 걸려 있다. 최근 검찰이 유괴범이나 살인범을 신속하게 검거하는 것은 모두 휴대전화 덕분이다. 피해자의 휴대전화망에 모든 통화기록과 함께 위치기록이 고스란히 저장되어 있기 때문이다. 배우자의 불륜을 적발하고 가정파탄의 책임을 묻는 도구도 휴대전화다. 휴대전화를 든 청소년들의 명랑한 재잘거림 너머에 권력은 이렇듯 무서운 시선을 번뜩이고 있다.

정보는 시선이다

국가 권력이 사회 구성원들의 정보를 수집하기 시작한 것은 대략 19세기 초엽부터이다. 이때부터 개인의 나이, 가족 수는 물론 수입, 주거 환경, 범죄 기록, 작업 환경, 질병 등에 대해 광범위한 조사가 시작되었다. 이와 동시에 숫자로 치환된 결과를 분석하고 그 의미를 이해하기 위해 통계학이 발달했다. 인간 세상의 모든 것이 측정되고 숫자로 표시되었으며, 이렇게 모아진 숫자는 통계적으로 분석되어 새로운 정책과 법률을 위한 기초 자료로 쓰였다. 푸코는 이러한 정보 수집을 생체-권력 이라고 비판했지만 이러한 숫자와 통계 없이 복지국가 실현이 불가능하다는 것도 엄연한 사실이다.

벤담의 판옵티콘에서 중요한 기제가 시선이라면 현대는 정보가 그것을 대신한다. 작업장에서 노동자들을 통제하고 이들에게 규율을 강제하는 메커니즘은 시선에서 정보로 진화했다. 직장과 작업장에서 번뜩이는 감시의 시선은 사람의 눈이 아니라 전자 장치의 눈이다. 극도로 발달된 전자 감시 기능에 비하면 벤담의 판옵티콘은 차라리 목가적인 향수를 불러일으킬 정도이다.

인터넷, 인트라넷 등의 네트워크에 연결된 전자 장비는 작업자의 업무시간과 작업의 진행과정을 추적하고, 심지어는 그의 행동까지 낱낱이 기록해 상관에게 전달해준다. 폐쇄회로 텔레비전이 설치된 작업장에서 노동자들은 완전히 벌거벗겨진 느낌이다. 버스회사들은 운전사들의 부정을 감시하기 위해 차내에 폐쇄회로 텔레비전을 설치했다.

직원의 컴퓨터 하드드라이브에 있는 파일을 조사하거나 전자메일을 감시하고, 직원의 웹사이트 접속을 모니터하는 기업도 있다. 아다비(Adavi) 사의 사일런트 워치나 웹센스 같은 프로그램은 직원의 인터넷 사용을 감시하는 대표적인 소프트웨어이다. 어떤 프로그램은 직원이 보고 있는 컴퓨터 화면을 수초 간격으로 저장하여 관리자에게 전송해준다.

1999년에 뉴욕타임스는 저속한 전자메일을 주고받은 직원 스무 명을 해고했다. 직원이 특정 단어를 입력하면 중앙에서 자동으로 이를 인식하는 프로그램을 설치해놓은 국내 대기업도 있다.

〈악마는 프라다를 입는다〉의 경우처럼 사무실 문을 열고 닫을 때 스마트카드를 사용하는 업체는 종업원이 근무 외의 목적으로 사무실을 얼마 동안 비우는가를 감시할 수 있다. 노동 통제와 노동 강도를 강화하기 위해 작업자가 일을 시작할 때, 화장 실갈 때, 휴식할 때, 식사하러 갈 때, 퇴근할 때 등 자신의 움직임을 터치패드에 기록하는 DAS(data acquisition system)를 설치한 작업장도 많다. 증권사는 직원들의 전화를 전부 녹음하기도 한다.

전자 장치의 아이러니는 자기가 스스로 남겨놓은 정보가 자기자신을 공격하는 부메랑이 될 수도 있다는 사실이다. PC에 저장된 이메일은 삭제해도 지워지지 않고 나중에 복구되어 주인을 세상 앞에 벌거벗기고 망신 준다는 것을 우리는 신정아 사건에서 보았다. 내 정보를 내가 백 퍼센트 통제하는 것이 현실적으로 불가능한 세상에 우리는 살고 있다. 이쯤되면 전자정보는 그 자체가 생명력을 가진 괴물이 되어 가는 것이 아닐까.

감시하는 사람도 감시당하는 세상

벤담의 판옵티콘이 아날로그 감시라면 현대의 전자 감시는 디지털 감시이다. 발목에 채워 범죄자의 위치를 추적하는 전자족쇄는 '전자발찌'라는 이름으로 우리나라에서도 쓰이고 있다. 죄수가 자신의 집에서 자유롭게 살면서 감시당하는 이 프로그램은 전자기술이 간수의 시선을 대신하고 있다.

불확실성이라는 기제도 똑같다. 판옵티콘에 갇힌 죄수가 자신이 감당하는지 아닌지를 모르듯이 전자 판옵티콘의 정보망에 노출된 사람들도 자신의 행동이 국가나 직장의 상관에게 열람될지 아닐지를 확신할 수 없기 때문에 항상 자신의 행동에 주의를 기울여야 한다.

전자 감시는 판옵티콘의 감시 능력을 전 사회로 확장시켰다. 시선에는 한계가 있지만 컴퓨터를 통한 정보 수집은 국가적이고 전 지구적이다. 시선은 국소적이지만 정보는 광범위하다. 작은 지역 단위에서만 효과적으로 작동했을 판옵티콘이 현대 국가에서는 일상적인 대규모 검열로 바뀌었다.

전자 판옵티콘이 아날로그적 감시와 구별되는 것은 중앙이 뚜렷하지 않은 탈중심화 현상이다. 모든 중심과 위계질서가 사라지는 포스트모던의 탈중심화 현상이 감시 체제에도 적용되는 것일까. 경찰 순찰차에 장착된 컴퓨터에서 즉석 조회가 가능한 것은 중앙감시탑의 역할이 모든 순찰차로 분산되었다는 것을 의미한다. 중앙감시탑의 역할이 네트워크의 그물망으로 분산된 것이다.

중앙의 감시능력이 주변으로 분산됨에 따라 더 광범위한 감시가 이루어진다. 순찰차에 탄 경찰관은 자신이 시민을 감시하지만 동시에 자신도 감시된다. 순찰 도중 조회한 상황이 전부 기록으로 남기 때문이다. 직원들이 퇴근한 후 펀치카드에 카드를 찍으며 건물을 순찰하는 경비원도 절도를 감시하는 동시에 자신도 감시의 대상이 된다.

소비자를 감시하는 기업

우리는 권력에 의해서만 감시당하는 것이 아니라 기업에 의해서도 감시당한다. 기업의 소비자 감시가 바로 그것이다. 신용카드나 백화점 카드를 만들 때 우리는 개인에 대한 실명 정보를 제공하는데, 그 신용

카드로 물건을 사고 대금을 지불할 때마다 우리의 개인 기록이 기업에 의해 수집되고 분석된다.

백화점에서 매달 보내주는 우편물에는 우리가 구입한 물품과 가격의 명세서가 들어있다. 거의 '식품'으로 채워졌을 때 나는 "그래, 지난달 나는 괜히 옷 같은 걸 사느라고 돈을 낭비하지 않았어"라고 안도한다. 그것은 내 자신에 대한 안도감이기도 하지만 나도 모르게 타자의 시선을 의식하고 있음을 나는 문득 감지한다. 거기에는 "누구에게 보여줘도 나는 건전한 소비자야"라는 생각이 깔려 있기 때문이다. 그 익명의 '누구'에 대해 우리는 모두, 뭔가 알 수 없는 막연한 두려움을 갖고 있다.

백화점만이 아니다. 가끔 책을 주문하는 미국의 인터넷 서점 아마존에는 물론 내 이메일 주소가 등록되어 있어서 자주 책을 광고하는 메일을 받는다. 거기에는 언제나 "당신이 구입한 아이템에 의거 하건대, 당신이 다음의 책들에 관심이 있을 듯하여 추천한다"라는 말이 곁들여진다. 그러니까 그곳에서는 내가 무슨 책을 샀는지를 예의주시하고 있다가 그런 취향의 사람이 살 만한 책들을 뽑아 추천하는 것이다. 계속 구입을 하지 않으면 "당신이 샀던 책은 선물이었는가? 아니면 이제 더 이상 흥미가 없는가?"라고 묻기도 한다. 미국 본사의 컴퓨터 장치가 지구를 한 바퀴 돌아 한국의 이름 없는 한 개인의 독서 취향까지 파악하고 있다는 것에 새삼 흠칫 놀라게 된다. 푸코가 말했던 판옵티콘적 감시의 개인화와 기록은 고작 한 클래스, 한 작업장, 한 감옥에 국한되었지만 전자 감시 시대인 오늘날의 개인화와 기록은 이토록 전

지구적이고 물샐 틈이 없다. 그런데 기업체에 의한 전자 감시는 피 감시자의 자발적인 협조로 이루어진다는 것이 특이하다. 소비자 정보를 수집하는 기업은 할인, 경품, 멤버십 카드 등의 혜택을 제공하고 소비자들에게서 자발적으로 정보를 얻는다. 소비자는 암묵적이건 명시적이건 간에 자신의 정보 제공에 동의한다.

자발성은 신용카드 사용에서만 이루어지는 것이 아니라 컴퓨터상에서도 이루어진다. 전자메일과 포털 사이트를 무료로 사용하기 위해 사람들은 기꺼이 신상정보를 제공한다. 접속할 때 매번 비밀번호를 입력하는 수고를 덜기 위해 웹브라우저에 아이디와 패스워드를 기억하게 하는 것도 정보노출의 한 통로이다. 이를 위해 허용한 쿠키를 통해 IP주소는 물론 개인의 인터넷 서핑 습관이나 웹사이트 방문 정보 등이 모두 흘러나가기 때문이다.

이러한 자발성은 사람들이 편리함 같은 눈앞의 이득만을 고려할 뿐, 자신의 상세한 정보가 기업이나 정부기관으로 넘어갈 수 있다는 사실을 생각하지 않기 때문이다.

판옵티콘 식의 속박과 감시를 통한 통제가 아니라 개인 자신의 협력 에 기초하여 강제 없이 광범위하게 이루어지는 통제의 네트워크가 현대 사회의 특징이다. 우리는 남을 엿보는 것에 만족한 나머지 내가 남에게 보여지는 것에 대해서는 그다지 신경을 쓰지 않는다.

전자 관음증

정보통신 기술의 발달은 묘한 관음증과 연결된다. 사람들은 공개적이고 합법적으로 서로가 서로를 훔쳐볼 수 있게 되었다. 웹캠(webcam)의 상용화로 자신의 일상을 보여주는 사람들이 많아졌고, 인터넷 포르노도 성행하고 있다. 영화 〈트루먼쇼(The Truman Show)〉(1998년)는 모든 사람이 한 사람을 훔쳐보며 즐거워하는 세상을 묘사하고 있다.

트루먼 버뱅크(Truman Burbank, 짐 캐리 분)는 평범한 샐러리맨이다. 적어도 그가 아는 한은 그렇다. 그는 메릴이란 여인과 결혼했고 보험회사에서 근무하며 어린 시절 아빠가 익사하는 것을 보고 물에 대한 공포증이 있는 남자다. 그런데 어느 날 그는 익사한 것으로 알던 아버지를 길에서 만나고 알 수 없는 사람에 의해 아빠가 끌려가는 것을 보면서 자신의 생활이 뭔가 평범하지 않다는 것을 확신하게 된다.

그는 하루 24시간 생방송되는 트루먼 쇼의 주인공이다. 전 세계의 시청자들이 그의 탄생부터 서른 살이 가까운 지금까지 일거수일투족을 TV를 통해 보고 있다. 그는 만인의 스타지만 정작 본인은 짐작도 못하고 있다. 그의 주변 인물은 모두 배우이고 사는 곳 또한 스튜디오이지만 그는 실비아를 만날 때까지 전혀 알지 못한다.

대학 때 이상형의 여인이었던 실비아는 모든 것이 트루먼을 위해 만들어진 가짜라는 얘기를 그에게 해준다. 그녀가 피지 섬으로 갔다는 것을 알고 자신도 그곳으로 떠나기로 결심한다. 아내와 함께 떠나려 하지만 번번이 실패하면서 가족이나 친구조차 믿을 수 없다는 것을 깨닫고, 혼자서 고향을 빠져나가려 시도한다.

마침내 카메라의 눈을 피해 바다로 간 트루먼을 찾아낸 방송 제작자는 트루먼의 물에 대한 공포증을 이용해서 돌아오게 하려고 시도하지만 실패한다. 트루먼은 마침내 진정한 자유를 찾아 바깥세상으로 망설임 없이 나간다.

그저 코미디에 불과한 이 영화가 많은 사람들의 공감을 받은 것은 주인공 트루먼 버뱅크의 처지가 남의 일이 아니라는 현대인들의 막연한 느낌 때문일 것이다. 백화점이나 은행의 관리자들이 고객의 구매 취향과 현금 인출 액수를 항상 감시하고 있고, 각종 감청 장비들이 24시간 도처에서 사람들을 감시하고 있는 우리들의 세상은 영화 〈트루먼쇼〉의 세계와 그리 멀지 않기 때문이다.

사생활 보여주기가 황금 알을 낳는 거위처럼 엄청난 돈을 벌어들이는 수단이 된 것도 현대인들의 전자 관음증 덕분이다. 각국 TV에서 경쟁적으로 방영하는 리얼리티 쇼를 보면 사람들이 남의 사생활을 훔쳐보는 일에 얼마나 열광하는지를 알 수 있다. 과거에는 스타의 사생활만이 흥미가 있었는데 지금은 이름 없는 개인들의 사생활 훔쳐보기도 흥미와 돈을 끌어 모으고 있다. 이름 없는 개인이 기록의 대상이 되기 시작한 20세기의 정신분석학 이래 이것도 개인화의 한 현상인지 모르겠다.

2000년 네덜란드와 독일의 한 TV 방송과 미국의 CBS는 남녀 10명을 카메라 28대가 설치된 집에서 100일 동안 함께 살게 하면서 샤워 장면을 포함한 이들의 사생활을 낱낱이 찍어 공개했다. 고립된 섬에서 함께 생활하게 하면서 한 명씩 탈락시키고 최후의 생존자에게 1백만 달러의 상금을 제공하는 CBS의 〈서바이버(Survivor)〉 쇼는 최고 시청률을 기록하고 있고, 여기에 출연한 사람들은 연예인 이상으로 유명해진다.

CBS의 리얼리티 프로그램 〈빅브라더〉에서는 2002년 전과자인 남자 출연자가 촬영 도중 여자 출연자의 목에 갑자기 칼을 들이대는 소동이 벌어졌다. 2004년에는 ABC의 성형전문 리얼리티 프로그램 〈완전 개조(Extreme Makeover)〉에 출연했던 여성의 여동생이 자살했다. 언니의 외모를 놀려대는 장면이 방송에 나간 것에 가책을 받았기 때문이다. 2007년 9월부터 방영된 CBS의 〈아이들의 나라(Kid Nation)〉에서는 요리를 하다가 얼굴에 화상을 입는 어린이, 표백제를 음료수로 착각해 마시는 어린이 등, 사고가 속출하고 있다. 이 리얼리티 프로그램은 8-15세의 남녀 어린이와 청소년 40명만을 뉴멕시코 주의 사막에 남겨두고, 보살펴주는 성인 없이 아이들끼리 40일간 살아가는 모습을 카메라에 담아 보여주는 것이었다.

이런 사고와 부작용에도 불구하고 리얼리티 프로그램의 인기는 날로 높아져 중국과 한국까지도 널리 확산되고 있다.

권력의 감시에서 보통사람들의 감시로

도청기와 감시 카메라가 소형화 고성능화 하고 있고, 아이를 봐주는 보모를 감시하기 위해 집안에 카메라를 설치하는 등 만인에 의한 만인의 감시가 이루어지고 있는 것이 우리가 살고 있는 현대 사회이다. 감시는 타인에 대한 정신적 폭력으로 이어진다. 익명의 보통 사람들의 감시라고 해서 무해하거나 폭력성이 없는 것이 아니다.

어쩌면 보통 사람들의 감시와 폭력이 권력의 그것보다 더 무서운지 모른다. 권력의 폭력 앞에서 우리는 돌아가 위안을 구할 보통사람들이 있었지만, 보통사람들의 폭력 앞에서는 돌아가 기댈 곳이 하나도 없기 때문이다.

자칫 잘못하면 선의의 피해자가 익명의 감시자들에게 조롱당하고 집중포화를 당할 수도 있다. 소위 '개똥녀' 사건, '된장녀' 논쟁 등에서 우리는 그것을 실감할 수 있다. 교실에서 급우를 폭행해 숨지게 한 중학생의 실명과 사진 등이 인터넷에 공개돼 가해 학생에 대한 비난이 쇄도한 적이 있다. 그의 죄는 물론 비난 받아 마땅하지만 그러나 필요 이상으로 많은 사람이 인민재판식으로 비난하는 것은 당연히 인권침해이다.

이제 카메라의 권력은 대중의 손으로 넘어가, 무수한 보통사람이 주변의 보통 일들을 찍어 인터넷에 올린다. 수많은 블로거들이 이 폭로와 발각을 신속하게 퍼 올려 놀라운 파급력과 속도로 그것을 확산시킨다. 그중에는 우연을 가장한 상업적 연출도 무수히 많으며 마케팅의 한 형태로 발전하기도 했다. 무슨 '녀' 무슨 '녀'하면서 올라와 우연히 네티즌의 눈길을 사로잡아 '뜨게' 되었다는 여성들이 알고 보니 매니지먼트 회사의 신인 홍보 전략이었다는 이야기가 심심찮게 들려온다.

마케팅도 아니고 그저 순전히 재미로 사람들을 속이는 해프닝도 많이 일어난다. 2006년 서울 지하철에 난데없이 젊은 남녀 한 쌍이 승객들 앞에서 가난한 결혼식을 올렸다. 휴대전화로 찍은 동영상이 네티즌 사이에서 퍼져 나가자 전국에서 지하철 커플의 결혼을 축하하는 폭발적인 관심이 일어났다. 결혼업체가 이들의 결혼을 주선하겠다고 약속했고, 도시철도 공사에서는 이들을 찾는 현수막을 내걸었다. 수십 명의 독자가 축의금을 내겠다고 말했다. 그러나 이것은 철저하게 연출된 행동이었다.

UCC 사이트에 여학생 성추행 동영상이 올라와 세상을 발칵 뒤집어 놓은 사건도 있었다. TV 9시뉴스가 이를 보도했고, 경찰은 수사에 나섰다. 그러나 성추행 당하던 여학생은 가발을 쓴 남학생이었던 것으로 밝혀졌다. 도대체 무엇 때문에 그러는 걸까? 전자 판옵티콘 시대의 광기라고 밖에는 설명할 방법이 없다.

누군가는 지하철에서 남의 카메라에 찍혀서, 누군가는 집요한 기자와의 인터뷰 도중에 말실수로, 또 누구는 교제하던 연인을 모질게 찼다가, 누군가는 아무 짓도 하지 않았는데 직업이나 외모만으로 익명의 감시자들에게 집중 포화를 당한다.

자신이 누군가의 인권을 침해했다는 생각을 전혀 하지 않은 채 당당하게 옳은 일을 했노라고 말하는 사람들이 더 무섭다고 소설가 김별아는 한 신문 칼럼에 썼다. 공중도덕을 지키지 않는 것은 나쁜 짓이기 때문에, 늙은 남자가 젊은 여자를 사랑한다고 고백하는 일은 추한 짓이기 때문에, 배신은 돌로 쳐야할 짓이기에, 잘난 척하거나 있는 척하거나 아는 척하는 꼴은 참을 수 없기에… 등의 이유로 자신은 정의의 편이고 상대방은 응징 돼 마땅하다고 생각하는 사람들을 그녀는 정확히 짚어낸다.

코로나 시대를 거치며 우리는 보통 사람의 감시에 더욱 많이 노출되었다. 마스크 쓰라고, 식당에 네 명 이상 아는 사람과 오지 말라고(비록 다른 자리에 앉더라도), 엘리베이터 안에서는 대화를 삼가 하라고, 이렇게 타인들을 타이르는 보통사람들을 우리는 무수하게 많이 만났었다. 과학이 개입돼 있으므로 자신들의 말은 당연히 절대적 권위를 갖고 있다는 듯 오만한 표정들이었다. 그러나 그렇게 철저하게 개인의 프라이버시를 침범했던 방역은 2022년 3월에 이르러서는 시체가 넘쳐나 정육 냉장고에 시신을 안치하는 대란으로 이어졌다.

타인에 대한 존중과 배려가 곧 나에 대한 존중이라는 것을 깨닫게 될 때 우리 사회는 한층 더 편하게 숨 쉴 수 있는 사회가 될 것이다.

권력 있는 사람에게만 보호되는 프라이버시

21세기를 사는 젊은이들은 한두 세대 이전 사람들과 달리 자신을 드러내기를 좋아한다. 상업적 건축물의 구조를 보면 이런 경향을 쉽게 파악할 수 있다. 훤히 안이 들여다보이는 통유리창 앞에서 커피도 마시고, 파마도 하고, 러닝머신에서 뛰기도 한다. 1960-1970년대 미국에서 개발된 화상전화는 사람들이 전화를 받는 자신의 모습을 보여주기 싫어한다는 이유 때문에 실패했다. 그러나 지금의 젊은이들은 화상채팅에 열중하고, 웹캠으로 자신의 작업은 물론 집에서의 사생활도 찍어 공개하고, 실명으로 사랑고백을 올리거나 인터넷상에서 공개 일기를 쓰기도 한다. '셀카'와 '몰카'를 갖춘 대중은 자기 연출의 주체가 되어 인스타그램이나 틱톡에 당당하게 자신을 드러낸다. 그야말로

1인 매체 시대이다. 남에게 보이는 것에 대해 신경을 쓰지 않는 정도가 아니라 현대인은 앞장서서 자신을 남에게 노출시키지 못해 안간힘을 쓰고 있다.

20세기 후반부터 시작된 전자 판옵티콘 사회에서 우리는 또 한 번의 가시성의 역전 현상이 일어나는 것을 목격하고 있다.

'바라봄'과 '바라보여짐'이 서로 거부감 없이 상호작용을 하는 현대는 스펙터클과 감시가 융합된 세상이다. 가시성의 영역에서 이루어지고 있는 융합(convergence)과 쌍방향 소통(interactive)은 푸코의 권력이론을 무색하게 만든다.

현대는 소위 퍼블리즌(publizen)의 사회가 되었다. '공개된(public)'과 '시민(citizen)'을 합성한 '퍼블리즌'은 인터넷을 통해 자신의 일거수일투족을 공개하고 자신의 생각을 알리고 싶어 하는 사람들을 가리킨다. 현대인에게는 프라이버시라는 개념 자체가 흐릿해지고 있다. 젊은 세대들은 프라이버시를 꼭 지켜야 할 권리로 생각하지 않는 경향까지 보인다.

2005년 미국에서 국가안보국(NSA)이 테러방지를 빌미로 비밀 도청을 한 사실이 밝혀졌을 때 여론이 별로 악화되지 않았는데, 그 이유는 바로 퍼블리즌 현상 때문이었다고 한다. 자신을 알리고 싶어 스스로 자신의 프라이버시를 공개하는 퍼블리즌들에게는 정부가 시민들의 사생활을 엿듣고 있다는 정도가 별로 대수로운 일이 아니었기 때문이다.

이런 현상을 과거 전통 사회에 대한 향수로 설명하는 인류문화 학자들도 있다. 옛날에 사람들은 한 마을 사람들끼리 서로 속속들이 알고 살았는데 현대사회에 들어와 프라이버시라는 것이 생겨나 서로에 대해 담을 쌓고 살게 되었다는 것이다. 그러다가 이제 인터넷 덕분에 다시 과거처럼 지구촌 규모로 서로 알고 지내게 되었으며 자신의 프라이버시도 스스럼없이 공개하게 되었다는 주장이다.

'타인의 시선으로부터의 자유'라는 프라이버시 개념 자체가 부르주아 계급의 것이라는 견해도 있다. 사실 근대 이전에 사회의 최상층 계급과 최하층 계급에는 프라이버시라는 개념이 없었다.

미국 드라마 〈튜더스(Tudors)〉에서 볼 수 있듯이 왕과 왕비의 섹스는 장막 밖에서 신하들이 지켜보는 가운데 이루어졌다. 졸라(Émile Zola, 1840-1902)의 《목로주점(L'Assommoir)》(1877) 같은 소설 분위기에서 알 수 있듯 좁은 공간에 모여 살던 하층의 노동 계급은 동네 전체가 한 가족처럼 아무런 비밀이 없었다. 중간층인 부르주아 계급만이 사적영역을 엄격하게 구분하며 자신들의 생활을 타인의 시선으로부터 보호했다.

그럼 60-70%가 중산층이라고 생각하는 우리사회의 프라이버시 상황은 어떠한가? 1999년 〈이코노미스트〉지는 '앞으로 부자를 제외하고는 프라이버시를 즐길 수 있는 사람이 거의 없을 것이다'라고 예측했는데, 이것은 미래의 예측이라기보다는 현대의 진단이라는 것이 더 정확하다.

베이징 동계올림픽을 누빈 로봇들

공상과학 영화에서나 보던 로봇이 서서히 우리 생활 속으로 들어오기 시작했다. 호텔에서 서빙을 하는 로봇에 감탄하는 배우 윤여정의 광고 동영상도 있고, 로봇이 커피를 내리거나 서빙을 하는 고속도로 휴게소도 있다.

2022년 2월 베이징 동계 올림픽에서는 지능형 로봇이 집중적으로 투입되었다. 2,500m² 규모의 선수촌 식당에서 원격으로 음식을 주문하면, 쿠킹 로봇이 조리한 요리가 식당 천장에 설치된 공중 서빙 레일을 통해 주문자에게 전달된다. 중국인들은 뭔가 '횡재'했을 때 '하늘에서 떡이 떨어진다'고 말하는데, 그야말로 '하늘에서 음식이 내려'오는 것이다. 로봇 바텐더는 90초 만에 칵테일을 만들어내고, 양팔이 달린 로봇 바리스타는 커피콩을 갈아 4분마다 신선한 커피를 내려준다.

태블릿 크기의 얼굴이 달린 '방역 안내 로봇'은 마스크를 쓰지 않은 사람에게 다가가 중국어·영어로 "마스크를 제대로 쓰세요"라고 경고하고, 높이 1.4m의 '소독 로봇'은 16ℓ 소독통으로 구석구석 소독액을 뿌렸으며, '분리수거 로봇'은 사람들을 따라다니며 쓰레기를 건네받았다.

경기 운영에도 물론 각종 로봇이 투입되었다. 경기가 진행되는 슬로프에는 네발로 스키를 타는 로봇이 순찰했고, 빙판 검사는 5G와 위성항법 시스템을 활용한 스마트카가 담당했다. 청각 장애인들을 위한 수어(手語)도 단발의 20대 여성 모습을 한 AI 수어 앵커가 맡았다.

국내 기업들도 로봇 사업에 일제히 뛰어들고 있다. 삼성전자는 2022년 초 CES에서 식탁 세팅 등을 도와주는 가사 보조 로봇 '삼성봇 핸디'를 선보였다. 로봇이 물건을 정교하게 집는 기술을 구현하는 것이 어려운데, 삼성봇 핸디는 컵이나 식기를 안정적으로 집을 수 있다. 2021년에는 거동이 어려운 사람의 보행을 보조해주는 웨어러블 로봇 '젬스'를 선보이기도 했다.

LG전자는 관람객들에게 한국어 또는 영어·중국어·일본어로 작품 안내를 해줄 수 있는 'LG클로이 가이드봇'을 만들어 박물관에 공급했다. 또 호텔 투숙객이 룸서비스로 요청한 와인이나 음식, 타월 등을 객실까지 운반해주는 'LG클로이 서브봇'을 경기·강원 지역 내 일부 호텔에 제공했다.

KT는 스스로 움직이면서 주변 공기와 바닥에 있는 바이러스를 살균할 수 있는 AI 방역 로봇을 출시했다.

SK텔레콤은 100억 원을 투자한 AI 로봇 스타트업 씨메스와 함께 시간당 물류 상자 600개 이상을 처리할 수 있는 'AI 물류 적재 로봇'을 개발했다. 병원 내 소독 작업과 내원객들의 체온을 측정하는 방역 로봇 '키미'도 경기 소재 일부 대형 병원에 공급했다.

배달 앱 '배달의 민족'은 2021년 말부터 경기 광교 내 특정 아파트 단지에서 자율주행 배달 로봇 '딜리드라이브'를 활용해 고객의 집 앞까지 로봇이 음식을 배달하는 D2D(Door to Door) 서비스를 시작했다. 이 로봇은 사물인터넷(IoT)으로 연결된 공동 현관문이나 엘리베이터를 스스로 통과하고 탈 수 있다.

글로벌 시장조사기관 스트래티지 애널리틱스(SA)에 따르면, 전 세계 로봇 관련 시장 규모는 2019년 310억 달러(약 37조원)에서 2024년 1,220억 달러(약 148조 원)로 약 4배 커질 전망이다.

가상인간

예컨대 고양이와 강아지를 구분한다든가 서로 다른 사람의 얼굴을 구분하는 일처럼 정량화가 불가능한 데이터 처리는 도저히 컴퓨터는 할 수 없고 인간만이 할 수 있는 일이었다. 하지만 이제는 기계가 가상 인간을 만들어내는 시대가 되었다. 사람 얼굴을 방대한 데이터로 학습한 컴퓨터는 어느덧 새로운 데이터, 즉 진짜 사람 얼굴의 데이터를 만들어내기에 이르렀다. 정답에 정답이란 라벨을 붙여 학습시키고, 정답·오답의 차이 값을 계산해 0이 될 때까지 인공 신경세포들을 수정하고 결합한 결과다. 2012년에 실험을 시작했는데, 불과 10년만에 이루어낸 쾌거다.

메타버스(3차원 가상 세계) 시장 확대와 맞물려 가상인간의 수요가 급속히 확대되고 있다. 네이버의 제페토나 미국의 로블록스 같은 메타버스 세상에서 나를 대체할, 나와 유사한 가상 인간이 필요하기 때문이다. 또 광고 모델, 유튜버 등, 이른바 '가상 인플루언서(virtual influencer)' 시장도 커지고 있다. '로지'라는 1세대 가상 인플루언서가 인기리에 활동하고 있으며, 29세 쇼호스트 '루시'는 청순한 외모와 활발한 성격으로 온라인상에서 인기를 끌고 있는데, 이 모두 진짜 사람이 아니라 해당 기업이 자체 개발한 가상 인물이다. LG전자가 만든 가상 인간 김래아는 가수로 데뷔할 예정이고, 게임사 스마일게이트의 가상 인간 한유아는 YG케이플러스와 전속 계약을 맺고 음원 발매를 앞두고 있다. 넷마블이 개발한 리나는 다양한 메타버스 콘텐츠에서 모습을 드러내고 있다. 블룸버그는 2021년 2조 4,000억 원이었던 가상 인간 인플루언서 시장 규모가 2025년에는 실제 인간 인플루언서 (13조원) 시장보다 1조 원 더 많은 14조 원이 될 것으로 전망했다.

가상 인간을 제작하는 국내 대표 스타트업인 딥브레인 AI는 누구나 가상 인간을 이용해 영상을 만들 수 있는 'AI스튜디오스'란 플랫폼을 개발하여 'CES 2022' 스트리밍 부문에서 혁신상을 받기도 했다. 가상 인간을 하나 만드는 데 걸리는 시간은 단 일주일이라고 한다. 윤석열 국민의힘 대선 후보도 이 회사에서 'AI 윤석열'을 만들었다.

딥페이크

AI 기술은 가상인간을 창조할 뿐만 아니라 '딥 페이크' 라는 첨단 기술을 이용하여 죽은 사람까지 되살려낸다. 소위 확장현실(XR)이다. 2022년 3월에 나온 넷플릭스 6부작 다큐멘터리 〈앤디 워홀 일기〉는 1987년에 죽은 팝아트 예술의 거장 앤디 워홀이 자신의 일기장을 직접 읽는 모습을 보여준다. 조용하고 어눌한 말투가 살았을 때의 목소리 그대로다. 그러나 영상 속의 이 목소리는 실은 인공지능(AI)으로 재현한 음성이다.

국내 OTT 티빙 프로그램 〈얼라이브〉도 밴드 '울랄라 세션'의 리더였던 임윤택(1980~2013)과 요절한 가수 유재하(1962~1987)를 함께 무대 위로 불러냈다. 이들의 과거 영상과 대역 배우의 연기를 AI에 학습시켜 임윤택과 유재하의 모습을 그대로 재현한 것이다. 임윤택은 〈낡은 테잎〉을, 유재하는 〈그대의 조각들을 담고서〉를 불렀는데 모두 신곡이다. 복원된 목소리로 신곡까지 발표한 것이다.

이런 시도가 단순히 '고인을 추모하고 기억하는 방법'인지는 사람마다 생각이 다를 수 있다. 여하튼 유사 생명체를 마음대로 만들어낼 수 있느냐의 윤리성의 문제, 그리고 다큐멘터리가 갖는 기본적 진실성의 문제는 여전히 남는다.

인공지능(AI)이 실제 사람과 구별할 수 없을 정도로 사실적인 얼굴을 만들어 내기 때문에 사람들이 가상인간을 더 신뢰한다는 아이러니도 있다. 영국 랭커스터대 연구진은 AI가 합성한 사진과 진짜 사진을 사람들에게 보여주고 어떤 것이 진짜 사진인지를 물었는데, 그 정확도는 48.2%로 가짜 사진보다 조금 낮았다. 다시 말하면 사람들은 진짜와 가짜 사진을 절반밖에 구분하지 못할 뿐만 아니라 AI가 합성한 얼굴을 실제 얼굴보다 더 신뢰한 것이다. "합성한 얼굴이 평균적인 사람의 얼굴에 더 가깝기 때문에 신뢰 가능성이 오히려 더 높다"고 연구진은 설명했다. AI가 딥페이크 같은 범죄에 악용될 수 있다는 우려가 나오는 이유이다.

메타버스

《시선은 권력이다》의 초판이 나왔을 때는 고작 〈악마는 프라다를 입는다〉에 나오는 ID 카드나 우리 주변에 설치된 CCTV 정도가 전자 판옵티콘의 문제였다. 14년이 지난 2022년 현재 전 세계의 관심사는 온통 메타버스다. 모든 것이 빠르게 온라인으로 전환된 팬데믹 시대 사회 분위기에서 모멘텀을 얻어 탄생한 트렌드다. 코로나19로 직접 대면 할 수 없게 되자 사람들은 학교, 직장, 학회, 기업 등 모든 활동을 줌으로 대체했다. 현실 속의 사람들과 직접 만나지 않고 온라인 영상으로 소통한다는 점에서 이것도 일종의 가상현실이다.

그런 점에서 팬데믹이 시작된 2020년이 21세기의 진정한 시작이라는 말도 설득력이 있다. 물론 아날로그보다 디지털 현실을 더 편안하게 느끼는 MZ 세대의 등장도 주요한 요인이다. 결국 메타버스가 언젠가 완벽하게 구현되면, 이는 인류 역사에서 유목-정착의 전환만큼이나 혁명적인 전환점이 될 것이다.

현실에서 실행해 볼 수 없는 부분을 가상 공간을 통해 시뮬레이션함으로써 기업은 시행착오를 줄일 수 있고, 개인들은 현실에서 입을 수 없는 유명 브랜드의 화려한 옷이나 멋진 스니커즈를 착용할 수도 있다. 또 그 아이템들을 실제로 구매할 수도 있다. 그러니까 메타버스는 가상공간 속의 환경만이 아니라 그 안에서 할 수 있는 다양한 경험, 그리고 그 곳에 존재하는 모든 자산을 다 아우르는 개념이다.

메타버스란 무엇일까? '초월'을 뜻하는 '메타(meta)'와 세계를 의미하는 '유니버스(universe)'를 합친 말로, 현실이 아닌 가상세계를 뜻한다. 증강현실(augmented reality)이니 가상현실(virtual reality)이니 등의 가상세계는 전에도 있었지만, 메타버스는 가상과 현실이 완전히 뒤섞인, 좀 더 확장된 개념이다.

사용자는 아바타를 통해 가상현실 안에서 취업박람회도 가고, 회사 연수도 참여하고, 명품 쇼핑도 하고, 편의점 테라스에서 커피도 마신다. 사람들과 상호 소통하는 행위들을 그대로 가상공간 안에 옮겨놓은 것이다.

얼핏 생각하면 과거 싸이월드의 미니홈피와 비슷하다. 싸이월드에서도 '도토리'라는 그곳만의 결제 수단으로 미니홈피를 꾸밀 수 있었다. 그러나 과거 미니홈피는 독자적인 커뮤니티였을 뿐 현실 세계 라이프와는 접점이 없었다. 반면 메타버스는 현실과 상호보완 되고, 커뮤니티 속에서 경제활동이 이뤄진다. 완전한 가상세계가 아니라 현실과 가상을 연결하는 3차원 플랫폼이라는 점이 진일보한 개념이다.

메타버스는 물론 전혀 새로운 개념은 아니다. 롤 플레이를 통해 자신의 독자적 세계를 구축하는 비디오 게임도 이미 메타버스였다. 페이스북, 트위터 등 대부분의 소셜 미디어도 메타버스다. 그 안에 가상의 세계가 구축되어 있기 때문이다. NFT나 암호화폐 역시 메타버스다. 헤드셋를 쓰고 3차원의 경치 속에 들어가거나 뮤지엄의 명화를 감상한다면 그것 역시 가상현실을 체험하고 있는 것이다. 많은 사람들이 포토샵이나 페이스튠 앱을 통해 얼굴을 팽팽하고 뽀얗게 만들어 인스타그램이나 스냅챗 같은 플랫폼에 올렸는데, 이것 역시 이미 일종의 메타버스 경험이다.

가상현실 안에서 자신의 아바타가 어떤 레저를 즐기고 있는지, 어떤 콘서트에 참여 하는지, 방에는 어떤 가구를 놓았고 옷은 어떤 브랜드를 입었는지가 사람들의 관심 대상이 될 날이 멀지 않았다. 현실에서는 비좁은 원룸에 혼자 살고 있을지라도 가상현실 안에서는 킴 카다시안 부럽지 않게 호화로운 삶을 살 수도 있다. 요즘 소셜 미디어 안에서 서로 의견을 교환하듯 미래에는 자신의 캐릭터 이름과 메타버스 주소를 서로 교환하며 3차원 가상세계 안에서 만나 교류하게 될 날이

올지도 모른다. 한 마디로 가상현실이 물리적 현실만큼 중요한 역할을 하게 된다는 것이다. 하기는 불과 30년 전만 해도 우리가 각자 자기의 이메일 주소를 갖게 될지 어떻게 알았으며, 불과 15년 전만 해도 손 안의 휴대폰으로 금융에서 교통까지 세상의 모든 일을 다 할 수 있게 될 줄 어찌 알았을까?

스마트폰이 혁명적으로 세상을 바꿨듯 메타버스가 미래의 시대를 선도할 것인지 아니면 단순한 해프닝으로 끝나게 되는지 아무도 알 수 없는 일이다. 여하튼 세계적 빅테크 기업가들은 메타버스에 열광하고 있다.

소설 《스노 크래시》와 영화 〈레디 플레이어 원〉

놀랍게도 메타버스와 아바타는 최근에 만들어진 말이 아니라 이미 30년 전에 나온 용어다. 미국의 베스트셀러 작가 닐 스티븐슨이 1992년 장편소설 《스노 크래시(Snow Crash)》에서 이 말을 처음으로 썼다. 흑인 아버지와 한국인 어머니 사이에서 태어난 주인공은 현실에서는 마피아에게 빚진 돈을 갚고자 피자를 배달하며 힘들게 살고 있지만, 메타버스에서는 뛰어난 검객이자 해커다. 그는 메타버스 안에서 확산되는 신종 마약 '스노 크래시'가 아바타의 현실 세계 주인인 사용자의 뇌를 망가뜨린다는 사실을 알고 배후의 실체를 찾아 나선다. 소설 속 등장인물들은 모두 '아바타'라는 가상의 신체를 빌려 '메타버스'로 들어간다.

그러나 메타버스의 개념과 좀 더 가까운 것은 스티븐 스필버그 감독의 2018년 작 SF 영화 〈레디 플레이어 원(Ready Player 1)〉이다. 어니스트 클라인이 쓴 동명의 소설을 영화화 한 것으로, 2045년의 미래시대가 배경이다. 거의 전 세계 모든 사람들이 현실 세상에서 도피하기 위해 가상현실 놀이공원 플랫폼인 OASIS에 접속하여 가상의 세계 속에 몰입해 있다. 오아시스는 사막의 오아시스가 아니라 '존재론적으로 인간중심적 감각에 몰입하는 시뮬레이션'(Ontologically Anthropocentric Sensory Immersive Simulation)의 이니셜이다. 어느 날 이 프로그램 개발자가 죽자, 생전에 녹음된 유언을 그의 아바타 아노락(Anorak)이 발표한다. 오아시스에 숨겨진 황금의 부활절 계란을 찾는 사람에게 오아시스의 소유권을 넘기겠다는 내용이다. 황금의 계란은 3개의 문 뒤에 숨겨져 있는데, 그 3개의 문은 각기 다른 3개의 열쇠로 열 수 있고, 3개의 열쇠는 3개의 미션을 완수해야 손에 넣을 수 있다. 개발자는 자신의 어린 시절 문화를 알아야만 풀 수 있는 퍼즐을 마련하여 그 속에 보물을 숨겨두었다. 플레이어들은 이를 찾기 위해 험난한 모험을 떠나는데, 그 중 고아인 틴에이저 주인공이 그 단서를 발견한다. 그리고 소유권이 악당에게 넘어가는 것을 막기 위해 분투한다. 제목인 'Ready Player 1'은 개발자가 어릴 때 하던 2인용 게임의 시작 메시지 "플레이어 1, 준비하세요"에서 따온 말이다.

메타버스와 엔터테인먼트

메타버스는 특히 엔터테인먼트와 잘 어울린다. 코로나 사태로 대형 콘서트가 불가능해지자 가수들은 마치 관객을 앞에 두고 무대에서 공연하는 듯한 비디오를 찍어 유튜브나 네이버TV 같은 영상 플랫폼에 공유하며 실시간 라이브의 기분을 냈다. 하지만 행위자와 관람자의 상호작용이 가장 중요한 요소인 공연 예술계에서 이런 일방적 공연은 아쉬움이 남을 수밖에 없다. 이런 상황에서 공연 예술계는 가상현실이라는 출구를 찾았다. 이것이 오히려 콘서트의 동시 참가자 숫자를 대거 늘렸고, 메타버스의 발전도 재촉했다. 국내에서는 네이버 플랫폼 '비욘드 라이브'가 가장 먼저 메타버스에 뛰어들었다.

방탄소년단(BTS)은 2020년 신곡 '다이너마이트' 발표 콘서트를 소셜 네트워크 서비스 플랫폼 '위버스'에서 열었는데, 전 세계에서 270만 명이 동시 접속했다. 같은 해 9월 제페토에서 열린 블랙핑크 가상 팬사인회에는 4,600만 명 이상의 이용자가 몰려들었다.

2021년 SM의 이수만 프로듀서는 포르투갈 리스본에서 온·오프라인으로 개최한 'Breakpoint 2021' 콘퍼런스에서 메타버스란 "단순히 가상(virtual)이 아니라 우리 생활에 실제로 직결되는 존재"라고 설명했다. SM은 음악, 뮤직비디오, 공연 등 다양한 형태의 IP가 서로 연결되는 초거대 버추얼 세계관 SMCU(SM Culture Universe)를 만들고, 2022년 1월 1일에는 무료 콘서트를 열기도 했다. 유튜브와 비욘드 라이브 전용 플랫폼 등을 통해 중개된 〈SMTOWN LIVE: SMCU EXPRESS @ KWANGYA〉는 전 세계 161개 지역에서 약 5,100만 스트리밍을 기록했다. 이는 2021년에 한국 온라인 콘서트의 최다 수치 기록 3,583만 스트리밍을 경신한 기록이다.

해외에서는 게임 플랫폼인 '포트나이트'가 가장 활발하다. 2020년

레고도 메타버스 사업에 뛰어 들었다. 소니와 레고의 모회사인 커크비는 메타버스를 공동 개발하기 위해 게임 회사 에픽게임스에 20억 달러를 투자했다.

힙합 뮤지션 트래비스 스콧의 가상 콘서트가 포트나이트 게임 안에 마련됐는데, 총 45분 공연에 무려 1,200만 명이 참여하여 2,000만 달러(약 220억 원)의 매출을 올렸다. 현실 속의 콘서트였다면 도저히 불가능한 관객 동원이다. 3D로 렌더링 된 스콧의 대형 아바타가 등장해 대표곡은 물론 신곡까지 최초로 공개했고, 게임 유저들은 가상 스테이지에서 색다른 공연을 즐겼다.

2021년 8월에는 팝스타 아리아나 그란데와 포트나이트가 손잡고 '리프트 투어'를 선보였다. 대표적 메타버스 플랫폼으로 알려진 로블록스도 래퍼 릴 나스 엑스의 콘서트를 열어, 새 싱글 'Holiday'를 발표했다. 한국어·프랑스어·독일어·일어 등 각국 언어로 마련된 콘서트에는 약 3,600만 명의 관객이 참여했으며, 가상 기획 상품(굿즈) 및 미니게임 등 종합 선물 세트도 준비되었다. 로블록스는 소니뮤직과

제휴를 맺었다.

디지털 메타버스 공연의 가장 큰 장점은 게임에 접속하기만 하면 누구나 무료로 콘서트를 즐길 수 있다는 점이다. 관객이 실시간으로 아티스트에게 자신의 감정을 텍스트, 혹은 '좋아요' 같은 장치로 표현할 수 있다는 것도 실제 공연에서는 체험할 수 없는 장점이다. 아티스트 역시 곡 중간 중간 댓글이나 의견을 읽으며 적극적으로 소통할 수 있다는 것이 더할 수 없는 새로운 만족감이다. 이제 전 세계 음악 팬들은 더 이상 몇 시간씩 줄 설 필요 없이 가상세계 안에서 자기가 좋아하는 가수의 팬사인회나 콘서트에 입장해 스타와 즐거운 시간을 보낼 수 있게 되었다.

사회 경제 활동도 메타버스에서

현실과 닮은 또 하나의 세상에서 살아갈 수 있다는 것이 메타버스의 특징이다. 가상이라고 해서 반드시 우주 같은 비현실적인 공간일 필요는 없고, 현실에 있는 장소를 가상공간으로 옮겨와 그 장소의 기능과 역할까지 똑같이 부여한다는 개념이다. 당연히 엔터테인먼트나 패션만이 아니라 현실 세계의 정치·사회·경제 활동들이 점차 메타버스 세계로 확대되고 있다.

롯데지주는 2022년 2월 신동빈 회장이 주재하는 사장단 주간회의를 메타버스 플랫폼 이프랜드(ifland)에서 개최했다. 신 회장은 아바타로 입장하며 11명의 최고위 임원들 아바타에게 "참석한 임원분들, 다들 젊어 보이시네요"라고 인사를 건넸다. 신회장은 2021년 가상현실

헤드 탑재 기기 '오큘러스 퀘스트 2'가 출시됐을 때도 바로 구입해 사용해 본 뒤 각사 대표와 임원에게 기기를 나눠주고 체험해보라고 독려했으며, 그룹 사장단·임원진에게는 스티븐 스필버그의 영화 〈레디 플레이어 원〉을 추천하기도 했다고 한다.

네이버는 2020~2021년 신입사원 온라인 워크숍을 자사의 메타버스 서비스 플랫폼 '제페토'에서 진행했다. 신입사원들은 경기 성남시 본사 사옥으로 출근하는 대신 '제페토'로 출근하여 연수와 업무를 시작했다. 물론 출근이나 업무를 한 것은 모두 아바타들이다.

순천향대학교는 2021년 3월 SKT의 '점프VR' 플랫폼을 활용해 '메타버스 입학식'을 거행했다. 금융투자회사인 트러스톤자산운용은 2020년 12월, 80여 명의 임직원이 메타버스 공간에 모여 송년회를 열었다. 넥슨과 삼정회계법인도 가상공간에 실제 사무실 모습을 최대한 반영한 사옥을 지었다.

편의점 CU는 제페토 공간 속에 서울 반포 한강공원을 꼭 닮은 가상의 점포를 열었다(2021년 8월). 한강을 바라보며 커피를 즐길 수 있도록 루프탑 테라스에 테이블과 의자를 마련했고, 커피 머신도 설치했다. 즉석라면을 먹을 수 있는 취식 공간과 공연을 관람할 수 있는 버스킹 무대도 준비했다. 테라스에서 한강을 바라보며 커피나 즉석조리 라면을 먹는 것은 실제 사람이 아니라 물론 아바타다. 하지만 결제는 실제 돈으로 해야 한다. 오픈 한 달 만에 CU의 아이템이 22만여 개나 팔렸고, 비디오부스와 포토부스 이벤트에는 일주일 만에 총 72만 명의 참가자가 몰렸다고 한다. CU 관계자는 제페토 사용자인 Z세대와 편의

점 주 고객층이 겹치는 만큼 브랜드 이미지 제고나 상품판매에 도움
이 될 것으로 판단해 메타버스에 진출했다고 말했다. 그러니까 유통
기업이 메타버스에 진출하는 것은 아이템을 팔아 당장 수익을 창출
하기 위해서라기보다는 미래의 주요 고객인 MZ세대와 가까워지기
위해서다. 가상현실에서의 만남이 추후 현실에서 제품을 선택하는 데
영향을 미칠 것이 분명하기 때문이다.

그런데 실제로 내가 가상세계에 뛰어들려면 어떻게 해야 하는가?
새로운 세계의 소문만 듣고 있는 일반인들로서는 궁금하지 않을 수
없다. 마침 2022년 2월 한 신문은 기자가 직접 체험한 가상 사무실의
모습을 전달해 주었다.

장소는 '직방'이라는 부동산 중개·관리 스타트업이다. 이 회사는
2021년 2월 '코로나 종식과 무관하게 영원히 원격 근무' 지침을 내렸
고, 7월부터는 자체 제작한 가상 사옥 '메타폴리스'에서 관계사 포함,
600여 직원의 아바타가 옹기종기 모여 일하고 있다. 서울 강남 한복
판에 있던 본사 임차 계약도 해지했다. 30층짜리 가상 빌딩으로 정장,
멜빵바지 등 다양한 복장을 한 아바타들이 출근하여, 부서별로 놓인
책상에 앉아 일을 한다. 한 아바타가 다른 아바타에 다가가면 각 아
바타 머리 위로 아바타 주인의 실시간 얼굴 모습이 화면에 뜨고, 서로
의 음성도 들린다. 이것이 아바타들끼리의 '커뮤니케이션'이다. 직원
들은 "침대에서 책상까지 1분 만에 출근 가능하고", "명절 연휴에도
고향 집에 내려가 원격으로 일했으며", "일과 육아 병행이 가능한" 점
등을 메타버스의 장점으로 꼽았다. 단점으로는 "일과 개인 생활 분리

가 안 되고" "매일 점심 혼밥을 하니 외롭다"는 것이었다. 정수기나 커피머신 앞에서 우연히 만나 잡담을 나누는 '스몰토크'도 사라졌고, 문서를 출력·복사하거나 퀵·택배를 요청하는 것이 어려워졌다는 불평도 나왔다. 그래서 회사에서는 "사원들이 복사하러 왔다가 서로 대화도 나눌 수 있도록 메타폴리스에 '컨시어지룸'을 만들어 담당자를 배치할 계획"이라고 했다. 회사는 '물리적 사옥'을 포기한 대신 '인재'를 얻었다고 했다. 과거엔 사옥이 있는 서울 강남 출퇴근이 가능한 사람만 입사했지만 지금은 창원, 광주, 대구, 심지어 제주까지 전국에서 입사자가 잇따른다. 심지어 인도에 있는 개발자와도 함께 일할 수 있다. 비용도 90% 가까이 절감됐다고 한다. 강남 역세권 사옥 임차료를 비롯해 책상·의자·복사기 같은 각종 집기 비용도 필요 없기 때문이다. 오히려 가상 사옥을 다른 회사에 임대하는 수익 사업을 시작했다. 대신 입사자들에게는 '원격 근무 환경 조성 지원금'으로 100만 원씩을 주었다.

컨시어지 룸에 담당자를 배치해 사원들의 대화를 유도하겠다고 했지만, 그 담당자 역시 아바타이므로 과연 사람들의 커뮤니케이션 욕구가 해결될 수 있을지는 미지수다. 회사에 출근해 그냥 걸어서 커피머신 앞에서 동료들과 실없는 얘기나누고, 프린트도 하고, 택배도 보내면 되는데, 왜 굳이 이렇게 힘들게 가상현실을 만들어야 하는지 아직도 잘 납득이 되지 않는다.

MZ세대의 패션과 메타버스

메타버스는 MZ세대에게 최적화된 플랫폼이다. 1980년에서 2012년에 출생한 이 세대는 숫자는 미미하지만 소비를 선도하는 세력으로 결코 무시할 수 없는 집단이다. 세대 전체가 완벽한 컴퓨터 네이티브이고, 온라인 게임에 익숙한 세대이기 때문이다. 온라인 멀티플레이 게임은 그 자체가 메타버스다.

이들은 현실에서는 너무 비싸 사지 못하는 명품 브랜드의 옷이나 신발을 가상 세계의 '또 다른 나'에게 입혀주거나 경험하게 해 대리 만족을 느낀다. 명품 브랜드 중에서는 구찌(Gucci), DKNY, 크리스찬 루부탱, 푸시버튼, 키르시 등이 발 빠르게 제페토와 로블록스에 입점해 선도적으로 MZ세대 고객을 확보하고 있다. 나이키, MLB, 푸마 등 스포츠 카테고리 옷과 운동화도 메타버스에 입점해 있다. 물론 현실 속의 옷이나 신발이 아니라 모두 아바타에게 입히고 신기는 것이다. 현실에서 수 백 만원 호가하는 구찌 가방이 메타버스 안에서는 몇 천 원이다. 실체가 없는 가상의 명품이기 때문이다. 그런데 아무리 소소한 값이라 해도 전혀 실체가 없는 허상에 몇 천원의 현실 화폐를 사용한다는 것이 놀랍다. 이것이 MZ세대의 특징이다.

당연히 가상현실 안에서도 명품을 되팔아 재테크를 하는 MZ세대의 관행이 흔하게 눈에 띤다. 2021년 5월, 로블록스 내 가상공간인 '구찌가든'에서는 '디오니소스' 가방이 약 4,115달러(약 465만 원)에 판매되었는데, 당초 출시 가격은 로블록스 화폐로 475로벅스(약 5.5달러, 6,300원)였다. 구매자들이 이를 재판매하면서 가격이 뛴 것이다. 해당 가방은 여왕벌 문양이 크게 박혀있는 로블록스 한정판이다. 가상현실에서만 멜 수 있음에도 이 한정판 백은 현실 속 디오니소스 가방(3,400달러, 391만 원)보다 비싸게 거래되었다.

메타버스에서 이용자들은 자기의 가상 분신(分身)인 아바타를 마음대로 치장할 수 있고, 자기 방을 예쁘게 꾸밀 수도 있다. 다만 그렇게 하는 것은 상당한 기술을 필요로 하고, 당연히 좀 더 앞선 사람들의 도움을 빌리지 않을 수 없다. 그래서 메타버스 안에 따로 성형외과 의사, 코디네이터, 인테리어 전문가가 생겼다. 물론 가상의 전문가다. 19세의 한 고등학생은 '제페토'에서 아바타 99명을 성형해 30만 원이나 벌었다. 그는 현실에서는 학생이지만, 메타버스 세계에서는 성형외과 의사다. '로블록스' 안에서 사용자들이 만들어 놓은 집 여러 채를 아바타들이 둘러보게 하고, 그 장면을 영상으로 만든 가상 공인중개사도 있다.

이 모두가 메타버스에서 자기 아바타를 차별화하기 위해 기꺼이 돈을 내는 MZ 세대 유저들이 있어서 가능한 일들이다. 메타버스 시장이 커지면 더 많은 직업과 서비스가 가상세계 안에 등장할 것이다.

빅테크 기업들의 메타버스 전쟁

글로벌 빅테크 기업들의 메타버스 전쟁이 불꽃을 튀기고 있다. 메타버스가 현실에서 상당한 부(富)를 창출한다는 믿음이 커지고 있다는 반증이다. 마이크로소프트(MS)와 엔비디아는 '메타버스'를 차세대 핵심 사업으로 선언했고, 세계 최대 소셜미디어 그룹 페이스북은 창립

17년 만인 2021년 10월에 회사명을 아예 '메타(Meta)'로 바꿨다. 마크 저커버그는 전 세계 페이스북 사용자 27억 명을 기반으로 거대 '메타버스 플랫폼'을 구축하겠다는 야심찬 목표를 내비쳤다.

이미 메타버스 서비스에 활용할 수 있는 MR(혼합현실) 안경 홀로렌즈를 출시하고, 사무용 협업 툴에 메타버스 기능을 도입했던 마이크로소프트(MS)는 2022년 1월 IT 업계 사상 최고액인 687억 달러(81조 9,000억 원)를 투자해 미국 최대 게임 개발 업체인 액티비전 블리자드를 인수했다. "오늘날 엔터테인먼트 분야에서 가장 역동적이고 흥미로운 플랫폼이 게임"이기 때문이라고 MS의 CEO는 말했다. 메타(페이스북), 애플, 구글 같은 글로벌 빅테크들이 이처럼 게임분야에 역량을 집중하는 것은 가장 손쉽게 현실과 가상세계의 경계를 허물 수 있는 분야가 게임이기 때문이다.

세계 최대 정보기술 전시회인 CES(2022년 1월)에서도 메타버스는 최대의 관심사였다. 중국 TCL은 AR 안경을 쓰자마자 눈앞에 100인치짜리 대화면이 등장하면서, 광활한 바다 속 모습이 화면에 펼쳐지는 광경을 연출했다. 체험자들은 이 안경이 기존 AR 기기보다 선명도가 높고, 장시간 착용해도 어지러움이 느껴지지 않았다고 했다. 미국의 웨어러블 디스플레이 업체 뷰직스는 안경을 쓰기만 하면 눈앞에 3차원 입체 영상(홀로그램)이 생성되는, 일반 안경과 비슷한 형태의 AR글래스를 공개했다.

일본 캐논은 화상 통화를 할 때 먼 곳에 있는 상대방과 마치 얼굴을 마주 보며 이야기하는 듯한 효과를 내는 VR 기기 코코모(Kokomo)를

메타버스의 기원으로 평가받는 로블록스가 1년 만에 주가 급락으로 회사의 성장성 자체가 의심 받고 있다. 메타버스의 미래가 장밋빛만은 아니라는 얘기다.

공개했다. 카메라로 촬영한 사용자의 얼굴을 3차원 이미지로 재구성하는 VR 기술이다. 한글과컴퓨터그룹은 가상공간에서 회의를 할 수 있는 메타버스 플랫폼 'XR판도라'를 선보였다. 3차원 실사 느낌의 사람들이 회의를 하면서, 인터넷도 검색하고 필기도 할 수 있으며, 문서도 가상공간에서 공유하고 편집할 수 있게끔 설계한 것이다.

네덜란드 스타트업 센스글러브는 회색 플라스틱 부품이 손가락 마디마다 붙어있는 햅틱(촉각) 장갑을 선보였다. 장갑을 끼고 가상현실 속 콜라 캔을 쥐면 캔의 부피감과 촉감이 느껴지고, 힘을 주면 캔이 구겨지기까지 한다. 일본 스타트업 시프톨은 각종 센서를 통해 몸의 동작을 데이터로 전달해주는 '바디 트래킹 웨어러블 기기'를 선보였다. 몸에 이 기기를 착용하고 움직이면 메타버스의 아바타가 내 행동을 그대로 따라한다. 한국 스타트업 리콘랩스는 현실의 물체를 1분 만에 3D로 스캔해 메타버스 공간으로 옮겨주는 기술을 선보였다. 현장에 있는 의자를 카메라로 빙 돌려 찍으면 가상현실에 곧바로 똑같은 의자가 등장하는 식이다.

현대차그룹은 플랫폼 회사 유니티와 함께 메타버스 공장인 '메타 팩토리'를 구축하기로 했다. 2022년 말 싱가포르에서 완공될 실제 공장과 동일한 공장을 가상공간에 건설한다는 것이다. 쌍둥이 가상공장이 건설되면 국내에 앉아서도 싱가포르 공장을 운영·관리할 수 있게 된다.

스마트폰이 혁명적으로 세상을 바꿨듯 메타버스가 미래의 시대를 선도할 것인지 아니면 단순한 해프닝으로 끝나게 될는지 아무도 알 수 없는 일이다. 여하튼 세계적 빅테크 기업가들은 메타버스에 열광하고 있다. 그러나 그렇게 장밋빛 미래만 보이는 건 아니다.

메타버스의 기원이라 할 만한 게임플랫폼 로블록스(Roblox)는 코로나 덕분에 매출이 늘어나 2021년 3월, 기준가 45달러로 뉴욕증시에 상장했는데, 주가는 당일 하루 54.44% 올라 69.5달러로 거래를 마쳤다. 기업 가치(시가 총액)가 하루만에 371억 달러(약 42조 원)로 뛴 것이다. 그러나 주가 고공 행진은 1년을 버티지 못했다. 2022년 2월 뉴욕 증시에서 로블록스 주가는 전날 대비 26.5% 하락한 53.87달러로 마감했다. 또 다른 메타버스 관련 주 메타(페이스북) 역시 실적에 대한 실망감 때문에 주가가 급락하여, 2022년 2월 전년 대비 35.6% 하락했다.

성희롱에 무방비 노출

높은 관심만큼이나 메타버스의 기술이 고도로 발전한 것은 아니다. 매번 고글이나 헤드기어를 착용해야 하는 번거로움과 불편함이 있고, 메타버스를 하는 동안 현실과 완전히 차단되어 현실과 가상의 융합이라는 구호를 무색케 하기 때문이다. 기술이 발달하고 관련 기업이 더 발전되면 이런 문제는 해결되겠지만, 성희롱이나 인권침해의 가능성은 새로운 문제다.

저커버그는 좀 더 생생한 감각을 느끼게 해주는 전신 바디 수트를 개발하겠다고 했는데, 그런 수트를 입고 가상현실에 들어갔을 때, 누군가 다가와 몸을 더듬으면 우리는 실제 세계에서와 똑같은 감각을 느끼게 될 것이다. 메타버스는 이처럼 성희롱, 공격, 따돌림, 혐오발언들에 매우 취약하다. 이미 가상현실 게임에서 만연되고 있는 현상이다.

BBC가 2022년 2월 진행한 자체 조사 결과에 따르면, 가상공간에서는 아동을 향한 부적절한 성적 접근, 강간 위협, 인종차별 등이 흔하게 일어나고 있다. 연구원이 13세 소녀로 가장하고 메타버스 애플에 접속하자, 성인 남성들이 불순한 목적으로 접근해 왔고, 어떤 남성 이용자는 "벌거벗고 야한 놀이를 하자"며 성적 역할극을 요구하기까지 했다고 한다. 가상현실에서는 사용자들끼리 만날 수 있는 방을 생성할 수 있는데, 13세 이상 이용 가능한 앱 안에 스트립 클럽 같은 성인용 유흥업소를 모방한 공간들이 목격되기도 했다.

감시에 대한 두려움

스웨덴의 스타트업 기업 디스럽티브 섭더멀스(Disruptive Subdermals)는 손등 피부 밑에 손톱보다 작은 크기의 칩을 이식하여 거기에 코로나 백신 접종 정보뿐 아니라 교통카드나 명함 등 온갖 개인 정보를 다 담는 기술을 발표했다. 영화 속 장면이 현실에서 재현된 충격적인 사례다. 모든 사람들이 피부 속에 칩을 넣고 다닌다면 개인에 대한 통제는 가공할 만한 것이 되어, 그 누구도 권력의 시선에서 벗어날 수 없게 될 것이다. 그렇게 수집된 사적 정보들이 언제 어떻게 어떤 목적으로 나를 겨냥하여 사용 될지 아무도 알 수 없는 일이다.

현실 세계에서는 CCTV가 있는 장소에서만 나의 행동이 사진 찍히지만, 디지털에 기반한 가상현실에서는 우리의 모든 행동이 물샐틈없이 고스란히 감시되고 기록될 것이다. 개인의 프라이버시 측면에서 이보다 더 큰 재앙이 없다. 페이스북이 반인권적인 글을 방치한다는 사실을 폭로했던 내부 고발자 프랜시스 하우건은 "메타버스가 집과 직장에 더 많은 센서를 설치하도록 요구함으로써 개인의 데이터와 정보를 전유(專有)하게 될 것"이라고 우려했다.

가상현실이 지배하는 세계에서 개인들은 감시의 눈에는 가까워지지만 타인들과의 접촉은 점차 멀어지게 된다. 코로나 사태로 재택과 원격근무가 확대되고, 배달 시스템이 거의 완벽하게 작동하면서 우리는 사람들을 직접 만나지 않고도 자신의 필요와 욕구를 해소할 수 있게 되었다. 모든 사람들이 인공지능을 무한히 신뢰하고 있고, 인공지능이 선택해주는 정보만 듣고 있어서 자기와 다른 생각을 하는 사람들이 있다는 것을 알지 못하는 지경에 이르렀다. 소위 에코 체임버에 갇힌 것이다. 이렇게 개인들이 자기 속으로만 고립되는 탈(脫) 사회화 현상이 가속화 되면 우리는 결국 다른 사람을 이해하는 능력을 상실하고, 타자에 대한 혐오만 증폭시키게 될 것이다.

콘텐트 큐레이션(Content curation)도 문제다. 내가 인터넷에서 화장품을 한 번 검색하면 내 계정의 온갖 소셜 미디어에 화장품 광고가 뜬다. 이처럼 포털이나 플랫폼들이 데이터 분석을 통해 개인의 취향에 꼭 맞는 콘텐트나 상품을 각 개인에게 추천해주는 것을 초(超)개인화 서비스라고 한다. 예를 들어 드라마 스트리밍 서비스인 넷플릭스는 고객의 80% 이상이 이와 같은 콘텐트 큐레이션을 통해 영상을 시청한다.

앞으로 데이터를 분석하는 기술이 향상되면 콘텐트 큐레이션은 의료·금융·생활소비·교통 등 인간이 영위하는 거의 모든 분야로 확대되고, 초개인화 서비스는 더욱 고도화될 것이다. 그리하여 '나보다 나를 더 잘 아는' 가상의 큐레이터가 나에게 가장 적합한 의사결정을 내려 줄 것이다. 이것이 편하고 신기하다고 마냥 좋아할 만한 일은 아니다. 나 대신 누군가가 나의 의사를 결정해 준다는 것은 결국 '나'라는 주체가 소멸되었음을 뜻하기 때문이다.

모든 인간의 활동이 데이터화되고, 인공지능이 데이터 분석을 통해 인간 대신 효과적인 의사결정을 내려주는 사회는 분명 디스토피아다.

써로게이트

인공지능이 인간의 생각만 대신해 주는 게 아니라 행동까지 대신해 줄 날이 오게 될지도 모른다. 2009년에 나온 미국 SF 영화 〈써로게이트(Surrogates)〉는 그런 불길한 미래를 다루고 있다.

'대리, 대행자' 등의 의미를 가진 써로게이트는 원래 몸을 움직일 수 없는 장애인들이 자신의 뇌파로 의체를 조종하여 일상생활을 영위할 수 있도록 설계된 인공의체다. 그러나 써로게이트가 가진 편리함 때문에 장애 없는 일반인들까지 써로게이트를 남용하게 되었다. 결국 모든 실제 인간들이 집에 틀어박혀 있고, 써로게이트들만이 사회생활을 영위하는 이상한 세상이 되었다. 이에 반발하는 반(反) 써로게이트 운동이 생겨났고, 이들의 주도 하에 써로게이트의 출입을 금지하고 실제 인간만 거주할 수 있는 '드레드'라는 구역도 만들어졌다.

FBI 수사관 톰 그리어는 아들을 잃은 아픔을 가진 중년 남성으로 아내 매기와 단둘이 살고 있다. 직업상의 이유로 써로게이트를 사용하고 있긴 하지만 어디까지나 부분적인 사용인데, 아내의 경우는 의존도가 매우 심각하다. 뷰티샵에서 근무하는 매기는 24시간 써로게이트에게 모든 것을 맡기고 자신은 방 밖으로 나오지도 않는다. 톰은 실제의 아내를 보고 싶은데, 아내는 실제의 몸으로 현실에 나오는 것을 단호하게 거부하며 하구 한날 자기 방에서 나른히 누워 있을 뿐이다. 가상현실 기술이 최고도에 이르면 영화 속 매기처럼 실제의 인간들이 모두 죽은 듯 침대에 누워 있고, 그들의 분신(아바타)들만이 바쁘게 세상을 돌아다니며 사회활동을 하게 될지 모른다. 그건 결국 죽음의 세계 아닌가. 불길한 모습이다.

영화는 해피엔딩으로 끝난다. 어느 날 한 써로게이트가 공격당하고, 그 사용자도 함께 죽음을 당하는 살인 사건이 일어나는데, 이는 써로게이트를 이용해 전 인류를 절멸시키려는 음모의 일환이다. 수사관 톰은 이에 맞서 싸우고, 마침내 써로게이트와 접속된 전 지구적 신호를 끊음으로써 재앙으로부터 인류를 구한다. 모든 써로게이트들이 일시에 작동을 멈추는 순간, 사람들은 모두 실제의 몸으로 집에서 나와 하나둘씩 거리에 모습을 드러낸다. 드디어 매기도 써로게이트에서 벗어나 실제의 몸으로 남편을 끌어안는다. 인류가 다시 구원받는 것은 결국 가상세계에서 벗어나 실재의 세계로 다시 나오는 과정을 통해서라는 메시지다.

플라톤적 성찰의 부활

기계는 철학과 전혀 상관없는 것 같지만 사실은 디지털 가상현실이야말로 가장 철학적인 성찰을 요구 한다. 플라톤 이래 수 십 세기 동안 철학자들은 "실재란 무엇이며, 과연 우리가 살고 있는 세상은 실재인가?"라는 질문을 끊임없이 제기해 왔다. 우리는 현실을 실재라고 알고 있지만, 플라톤은 그것이 실재가 아니라 동굴 벽에 투사된 그림자라고 말했다. 그러니까 우리의 현실은 진짜 현실이 아니라 신(神) 혹은 누군가가 가짜로 한 번 만들어 본 시뮬레이션, 즉 가상현실이라는 것이다. 2,450여 년 전 사람이므로 플라톤의 상상력은 고작 동굴 벽 그림자에 머물렀지만, 오늘날 우리는 모의(模擬) 가상현실(simulated reality)이 컴퓨터의 정보단위 바이트(bytes)로 구현된다는 것을 과학적으로 잘 알고 있다.

우리가 살고 있는 현실이 마치 영화 〈트루먼 쇼〉처럼 완전한 시뮬레이션의 현실일지도 모른다는 의심은 17세기 합리주의 철학자 데카르트가 이미 제기했었다. 그는 우선 감각은 믿을만한 게 못된다고 했다. 똑같은 크기의 도형도 검정색이 흰색보다 작아 보이고, 똑같은 길이의 선(線)도 끄트머리의 화살촉 표시가 바깥으로 열려 있으면 안쪽으로 닫혀 있는 것보다 길어 보인다. 우리의 감각은 이처럼 우리를 속인다. 그러니까 한번이라도 우리를 속인 사람은 전적으로 믿지 않는 것이 현명한 일이듯 감각도 전적으로 믿지 않는 것이 좋다.

그러니까 결코 의심할 수 없는 것은 2+3=5 같은 비감각적 기원의 수학적 진리뿐이다. 그러나 누가 알겠는가? 이것도 나를 조종하기 위해 어떤 심술궂은 악마(evil demon)가 만들어 놓은 가상이 아닌지? 라고 데카르트는 짐짓 의심해 본다. 선(善)한 신은 진리의 원천이지만, 그 반대 극에 있는 심술궂은 악마는 자신의 모든 계교를 나를 속이는데 사용하기 위해 전능하리만큼 교활하게 속임수를 쓰는 악한 악마일 것이다.

그렇다면 하늘, 공기, 지구, 색채들, 형체들, 소리들 그리고 내가 보는 모든 외부의 물체들이 실은 그 악마가 나의 믿음을 농락하기 위해 만들어 놓은 환상과 속임수일지 모른다. 더 나아가 어쩌면 나는 손도, 살도, 피도, 아무런 감각도 없는데 이 모든 것을 가지고 있다고 헛되게 믿고 있는 것인지 모른다.

하지만 아무리 심술궂은 악마가 나의 감각을 교란시키고 나를 환상에 빠트리려 해도, 최소한 이런 허구의 상황을 가정하고, 이렇게 판단을 내리는 사람은 바로 '나'이지 않은가? 그리고 이런 가정과 판단을 중단시킬 수 있는 능력도 나에게만 있다. 그렇다면 내 주변의 모든 것이 가짜고, 환상이고, 속임수라 하더라도 그렇게 의심하는 주체, 즉 '나'는 엄연한 '실재'다. 세상 모든 것을 다 의심할 수는 있어도, 그렇게 생각하는 '나'가 실제로 존재한다는 것은 아무도 부인하지 못한다. 여기서 "나는 생각한다. 고로 나는 존재한다"(Cogito, ergo sum)라는 그 유명한 데카르트의 명제가 생겨났다.

이 명제를 '방법적 회의'(methodological skepticism)라고 한다. 정말 의심하는 게 아니라, 좀 더 심원한 어떤 목적을 달성하기 위해, 짐짓 방법적으로 의심해 본다는 의미다. 심술궂은 악마의 에피소드를 동원한 데카르트의 이 방법적 회의는 자기의식의 각성을 다짐하고, 사유 주체로서의 자신감을 갖기 위한 것이었다. 즉 나는 나의 의식을 언제나 밝고 명확하게 깨어 있는 상태로 유지시켜야 하고, 그런 맑은 정신으로 사유하는 주체인 '나'는 그 무엇으로도 의심할 수 없는 견고한 실체적 존재라는 것이다.

기원전 3세기 중국 도가(道家)의 대표적 사상가인 장자도 현실이 가상일지 모른다는 의심을 피력했다. 자신이 꾼 나비의 꿈 이야기를 통해서였다.

"나 장주(莊周, 장자의 이름)는 꿈속에서 나비가 되었다. 스스로도 즐거워서 마음 따라 팔랑팔랑 춤추고 있었다. 장주인 것은 완전히 염두에 없었다. 깜짝 깨어나니, 이게 웬 일, 장주가 아닌가. 장주인 내가 꿈 속에서 나비가 되었는지, 아니면 실은 나비인데, 지금 꿈을 꾸고 있는 장주가 되었는지, 어느 것이 사실인지 나는 모른다."(不知周之夢爲胡蝶 與胡蝶之夢爲周與). 이것이 그 유명한 '장자가 나비 꿈을 꾼 것인지, 나 비가 장자 꿈을 꾼 것인지'라는 호접몽(胡蝶夢) 이야기다.

2,400여 년 전 거의 비슷한 시기에 그리스에서는 플라톤이, 중국에 서는 장자가 똑같이 우리의 현실 세계가 가상의 세계일지 모른다고 생 각했다는 것이 흥미롭다. 하기는 현대 물리학도 우리가 살고 있는 세 계가 우리 생각처럼 그렇게 실재적인 세계가 아니라는 것을 보여주고 있다. 우리가 견고한 실재라고 생각하는 물질의 세계가 실은 매우 불확 정적이고 희미하다는 것을 우리는 양자역학에서 이미 배운 바 있다.

여하튼 데카르트의 심술궂은 악마는 가상현실이라는 가장 핫한 아 이템으로 21세기에 다시 환생했음이 틀림없다. 내가 보고, 듣고, 만지 는 모든 것이 실은 전혀 형체가 없는 것인데, 테크놀로지 덕분에 마치 그것이 실재인 듯 몸으로 느끼며 환호하고 즐기고 있으니 말이다.

13

눈 이야기

오이디푸스에서 바타이유에 이르기까지

성경에는 유난히 소경의 이야기가 많다. 복음은 언제나 소경들의 이야기이다. 누가복음 18장 41-42절에는 예수가 여리고의 소경을 눈 뜨게 하는 장면이 나온다. "네게 무엇을 하여 주기를 원하느냐 가로되, 주여 보기를 원하나이다. 예수께서 저에게 이르시되 보아라, 네 믿음이 너를 구원 하였느니라, 하시매 곧 보게 되어 하나님께 영광을 돌리며 예수를 좇으니 백성이 다 이를 보고 하나님을 찬양하니라."

진리의 선생은 '보는 자'이고, '보지 못하는 자'는 우매한 사람이다. 누가복음 6장 39절에는 "비유로 말씀하시되 소경이 소경을 인도할 수 있느냐. 둘이 다 구덩이에 빠지지 아니하겠느냐"라고 소경의 우매성을 비유하는 구절이 있다.

그런가 하면 소경은 그의 회복된 시력을 통해 신의 사역을 증거하

는 사람으로도 나온다. 이때 맹인은 우매한 사람이 아니라 진리 혹은
신의 빛을 증거하는 가시성의 기록보관인이 된다.

구약에서는 아들이 아버지의 눈과 비유되어 눈의 소중함과 유대인
들의 남아선호사상을 엿볼 수 있다. 아들은 빛이고 아버지의 눈을 대
신한다. 98세의 대제사장 엘리는 두 아들과 방주의 약탈소식을 듣는
순간 눈이 멀었다.

토빗이 개안하고 눈물을 흘리며 처음으로 본 것은 자기 아들이었
다, 그는 눈이 보이게 되어서 기쁜 것이 아니라 아들을 보게 되어서 기
쁘다고 했다. 더군다나 자기 눈을 뜨게 해준 것이 자기 아들이어서 감
사하다고 했다.

플라톤의《공화국》에 나오는 동굴의 신화도 눈멂의 이미지이다. 우
리 인간을 비유하고 있는 동굴 속의 사람들은 어릴 때부터 쇠사슬에
발과 목이 묶여있어 자기 앞쪽 벽에 투사된 그림자밖에 볼 수 없는 죄
수들이다. 플라톤의 이데아 사상에서 선(善)의 이데아는 태양을 닮았
고, 해는 또 눈과 닮았다.

근친상간 후 자기 눈을 찔러 소경이 된 오이디푸스의 이야기에서부
터 고대 희랍과 성서 시대, 그리고 지난 수세기 동안의 문학과 예술에
는 무수하게 많은 맹인들이 등장한다. 신체 중에서도 특히 시각의 장
애는 선민의 표시로 여겨졌다.

호메로스(Homeros, BC800 ?-750)와 밀튼(John Milton, 1608-1674)이 하
나같이 말년에 맹인이었으며,《율리시즈(Ulysses)》(1922)로 유명한 아일
랜드의 작가 제임스 조이스(James Joyce, 1882-1941)와 환상적 리얼리즘

부그로의 〈호메로스와 안내자〉.
Adolphe William Bouguereau,
Homère et son guide, 1874

의 작가로 유명한 아르헨티나의 맹인 작가 보르헤스(Jorge Luis Borges, 1899-1986)도 거의 실명으로 생을 마감했다. 조이스의 《피네간의 경야 (經夜)(Finnegans Wake)》(1939)에는 홍채 녹내장의 모티브가 깊이 스며들어있다. 모네(Claude Monet, 1840-1926)도 말년에 거의 실명했고, 사르트르도 말년에는 거의 시력을 잃었다.

오스카 와일드(Oscar Wilde, 1854-1900)에 의하면 호메로스는 시(詩)에 시각적인 것만이 아니라 아우라가 들어 있어야 된다는 것을 강조하기 위해 스스로 눈을 멀게 했다고 한다. 밀튼도 스스로 실명을 택했다.

그는 의회가 왕을 처형하는 것을 지지하는 팸플릿을 쓰면서 자신의 시력을 일부러 훼손시켰다. 그는 자신의 자유를 수호하기 위해 스스로 눈을 멀게 했다고 말했다. 니체(Friedrich Wilhelm Nietzsche, 1844-1900)의 《이 사람을 보라(Ecce Homo)》(1888)도 실명의 이야기이다.

릴케(Rainer Maria Rilke, 1875-1926)는 맹인을 섬에 비유했다. "나는 모든 사람들로부터 버림 받았다. 나는 섬이다"라고 그는 〈맹인〉에서 썼다. 하지만 섬은 아무것도 박탈하지 않고 "모든 색채들이 소리와 냄새로 전환되므로", 맹인의 고독은 '풍요롭다'고 했다.

푸코와 데리다(Jacques Derrida, 1930-2004) 등에 많은 영향을 준 위반과 폭력의 작가 조르주 바타이유(Georges Bataille, 1897-1962)는 아예 《눈 이야기(Histoire de l'oeil)》(1928)라는 제목의 소설을 써서 눈에 대한 강박관념을 표출했다.

역사상 시인과 예술가들에게서 실명은 선민(選民)과 동일시되었다. 그 이유는 눈이 모든 유혹의 근원이며, 실명은 그 근원을 차단하여 '내적 눈'을 밝혀주기 때문이다. 빛은 생명에 필수적이고 거의 생명 그 자체이다. 그렇게 중요한 빛이 고작 안구(眼球) 안에 갇혀 있어야 할 이유는 없다. 신체의 일부분이 아닌 영혼 안에 들어있어야 한다. 그러므로 내적인 눈을 갖게 된 실명한 시인들은 신에 의해 선택된 것이라는 이야기이다.

루소(Jean-Jacques Rousseau, 1712-1778)는 《고백록(Les Confessions)》(1782)에서 "아름답고 다양한 형태들, 다채롭고 신선한 색채들이 눈을 즐겁게 한다"라고 말하면서 눈에 의한 유혹이 자신의 영혼을 사로잡

지아친토 칼란드루치
의 〈메두사의 머리〉. 머
리카락이 뱀으로 되어
있어서 보는 사람을 돌
로 만들어 버리는 희랍
신화의 메두사. 사르트
르는 "타인의 시선이 마
치 메두사처럼 나를 돌
로 만들어 버린다"라고
말했다. 프로이트는 시
선과 거세의 동일성을
메두사의 시선으로 은
유했다.

Giacinto Calandrucci,
Tête de Méduse,
루브르 박물관.

지 않기를 기원했다. 성 아우구스투스도 수많은 예술가와 장인 때문에 얼마나 많은 시각적인 유혹이 있는지를 말하며 "나는 눈의 유혹에 저항한다"라고 썼다.

실명, 거세의 낮은 단계

병으로 환각 상태가 된 대학생 나타나엘이 교수의 딸인 어여쁜 올림피아를 사랑하게 되었는데, 알고 보니 그녀는 자동인형이었다는 게 호프만의 《모래 사나이》 줄거리다. 자동인형이라는 모티프와 함께 이 소설은 눈알이 빠져 나가는 것에 대한 공포를 다룬 이야기다. 프로이트는 〈섬뜩함〉(Das Unheimliche, 1919)이라는 논문에서 《모래 사나이》와 오이디푸스 신화를 비교하였다.

이 논문에서 그는 눈의 상실에 대한 두려움, 그리고 징벌로서의 실명 이야기의 원형은 오이디푸스 신화라고 밝히고, 실명에 대한 공포와 거세(去勢)공포는 등가의 것이라고 했다. 아버지를 죽이고 어머니와 결혼했던 오이디푸스의 죄는 성적(性的)인 것이므로 고대의 동태복수법(同態復讐法, lex talionis)에 의하면 합당한 형벌은 거세다. 그러나 오이디푸스가 스스로에게 내린 형벌은 눈을 찔러 실명하는 것이었다. 실명이 거세의 완화된 단계라는 증거다.

바빌로니아 왕 함무라비가 만든 성문법 〈함무라비 법전〉에 실려 있는 "눈에는 눈, 이에는 이"라는 글귀가 고대 동태복수법의 원형으로, '똑같이 보복한다'라는 의미다. 그렇다면 성적인 범죄의 응징이 거세인 것은 맞지만, 눈을 멀게 하는 것이 왜 거세와 맞먹는 형벌인지는 얼핏 납득이 가지 않는다.

실명과 거세 공포의 관계는 페미니스트 철학자 사라 코프만(Sarah Kofman, 1934-1994)의 《네 편의 소설 분석》(Quatre romans analytiques, 1973)에서 좀 더 분명하게 밝혀져 있다. 그녀는 성적인 범죄가 근원적으로 눈이 근원이기 때문이라고 했다. 눈 때문에 죄를 저질렀다면 눈으로 벌을 받는 것은 당연하다. 따라서 실명의 두려움은 거세 공포와 밀접하게 연결되어 있다. 눈은 감시하는 눈이기도 하지만 가장 적나라하게 욕망하는 눈이기도 하다는 것을 우리는 여기서도 확인할 수 있다.

프로이트는 또 다른 논문 〈메두사의 머리(Das Medusenhaupt, 1922)〉에서 시선과 거세의 동일성을 더욱 분명하게 말했다. 메두사는 머리칼이 뱀으로 되어 있는 그리스 신화의 괴물이다. 사람들은 메두사의 머리를 보는 것만으로 눈이 멀고 몸이 공포로 딱딱하게 굳어 돌로 변했다. 메두사 앞에서의 공포는 시선과 연관된 공포이므로 성적 징벌 즉 거세 공포와 직결된다고 프로이트는 말한다. 이처럼 실명의 공포는 거세 콤플렉스와 기원이 같고, 심리적 반응의 기제도 똑같다. 프로이트는 남자들이 여성의 성기 앞에서 '거세 콤플렉스'를 느낀다고 주장하면서 메두사야말로 남성의 성적 욕망 자체를 마비시키는 두려운 존재라고 말했다. 그는 문학 작품들에서 왜 눈에 대한 공포가 아버지의 죽음과 은밀한 관계가 있으며, 왜 사랑을 나누려는 순간이면 모래 사나이는 어김없이 훼방꾼으로 나타나는지를 묻는다.

눈과 에로티즘 또는 죽음과의 관계에서는 바타이유를 빼 놓을 수 없다. 성(聖)스러움, 에로티즘, 죽음 등의 모티브를 외설스러운 이야기 구조로 풀어내고 있는 《눈 이야기》에서 중심적인 요소는 눈이며, 그 것은 태양, 계란 등의 이미지와 중첩되어 있다. 아버지의 실명과 목매 달아 자살한 어머니의 기억이 그에게 눈에 대한 지독한 강박증을 심 어 주었다고 한다.

소설 《모래 사나이》는 또 프로이트의 대표적 개념인 섬뜩함(das Unheimliche)의 형상화이기도 하다. 섬뜩함(영어로는 uncanny)은 프 로이트의 창의적인 용어는 아니고 실은 에른스트 옌치(Ernst Anton Jentsch)의 1906년 논문 〈섬뜩함의 심리에 대하여(Zur Psychologie des Umheimlichen)〉에서 처음으로 나왔던 개념이다. 프로이트는 이를 좀 더 정교하게 발전시켜 문학적인 풍미를 가했다. '공포를 불러일으키는 불확실하고 불안한 감정'인 운하임리헤는 프로이트에 의해 어떤 사 물, 사람, 사건, 기억이 주는 '낯선 느낌', 그리고 그 낯선 느낌에서 비롯 되는 두려움, 또는 '두려움을 불러일으키는 낯섦'이라는 의미가 된다.

익숙하고 친밀한 것이 갑자기 낯설어진다든가, 생명 없는 물체가 갑 자기 살아있는 것으로 드러난다든가, 똑같은 현상이 반복되거나, 또 혹은 감추어져 있어야 할 것이 드러날 때, 그리고 불가사의한 예감이 실현될 때, 우리는 섬뜩함과 두려움을 느끼는 것이다. 피와 살을 가진 사람인줄 알았는데 알고 보니 기계로 된 자동인형이어서 눈알이 빠지 고 팔과 다리가 마구 깨지고 부서진다면, 이보다 더 섬뜩하고 무서운 일이 어디 있겠는가.

로봇 산업에 적용된 '섬뜩함'

엔치에서 시작되어 프로이트가 발전시킨 섬뜩함의 이론은 21세기 최첨단 로봇 산업에서 그 새로운 의미를 획득하고 있다. 인간과 비슷하게 재현되었지만 그러나 인간과는 다른 로봇에서 느껴지는 묘한 섬뜩함을 '불쾌한 골짜기(Uncanny Valley)'라고 한다. 로봇에 대한 인간의 친근감을 그래프로 그렸을 때 보이는 하강과 상승의 그래프 선이 마치 골짜기 같다고 해서 붙여진 이름이다.

처음엔 로봇이 인간과 닮을수록 친근감이 느껴진다. 따라서 친근감의 x축은 왼쪽에서 오른쪽으로 갈수록 상승한다. 그러다가 어느 수준

미국의 가상인간 릴 미켈라. 인스타그램 팔로워 302만 명을 보유하고 있으며 그녀의 1년 광고수익은 130억 원으로 알려졌다.

이상을 닮게 되면 친근감이 마치 골짜기로 추락하듯 혐오감으로 바뀐다. 인간을 닮기는 했지만 완전히 인간 같지 않아 기괴하게 느껴지고 혐오스럽다는 것이다. 그러다가 로봇이 인간과 완벽하게 닮아 더 이상 인간과 로봇이 구별되지 않을 정도가 되면 바닥으로 떨어졌던 혐오감은 다시 친근감으로 급속히 상승한다. 거기엔 마치 깊은 계곡 같은 그래프의 골짜기가 형성된다. 이것을 '불쾌한 골짜기'라고 한다. (똑같이 uncanny인데, 프로이트에서는 '섬뜩함', 로봇 공학에서는 '불쾌한'으로 번역한 것은 독자들에게는 미안한 일이나, 전문 영역에서 이미 굳어진 관행의 문제여서 할 수 없이 그대로 따랐다).

결국 로봇은 인간과 완전하게 같거나 아니면 인간과 전혀 다를 때 우리에게 친근감을 주고, 인간과 어설프게 비슷할 때는 섬뜩한 느낌을 준다는 것이다. 1970년 일본의 로봇학자 모리 마사히로(森政弘, 1927년~)가 만든 개념이다. 일본어로는 不気味の谷現象(부키미노타니겐쇼)다.

이 '불쾌한 골짜기' 개념은 로봇 분야만이 아니라 3D 영상 분야인 영화, 애니메이션, 게임 등에도 적용된다. 인간은 인간과 어설프게 닮은 대상을 오히려 인간과 닮지 않은 대상보다 혐오하므로, 이러한 심리 반응을 이용하여 공포물의 인형 같은 것을 의도에 맞게 제작할 수 있다. 인간에만 해당되는 것도 아니며, 다른 동물이나 식물, 심지어는 사물이나 공간에도 적용된다. 미국 보스턴 다이내믹스 사의 4족 보행 로봇 순록의 영상을 본 네티즌들의 반응에서도 이를 확인할 수 있었다.

신의 눈은 언제나 외눈

성화 속에서 눈은 주로 외눈이며 그것은 신의 눈을 상징한다. 그것은 빛의 유일한 근원이고 가시성 그 자체이기도 하다.

얀 프로보스트(Jan Provost)의 〈성스러운 우화(Allégorie sacrée)〉는 그림으로 그려진 묵시록이다. 묵시록이란 진실 중의 진실을 가시적으로 드러내 폭로한다는 의미이다. 그때 진실은 스스로를 드러내는 빛이다. 진실이 폭로될 때 대재난과 대홍수가 수반되므로 우리는 끔찍한 재난의 광경을 묵시록적이라고 말하는 것이다.

이 그림은 재난의 광경이 아니라 진실의 폭로라는 의미에서 묵시록적이다. 여기에서 신과 인간의 눈은 서로 거울처럼 비추어 눈이 위와 아래에서 대칭을 이루고 있다. 두 개의 눈은 모두 외눈이다. 위의 신(神)의 눈은 크고 아래 인간의 눈은 작다. 이 그림은 시선의 교환과 '시선의 등급'을 보여준다. 지상의 인간의 안구에는 마주 잡은 두 손이 꽂혀 있고, 제물로 바쳐진 어린 양의 두 발에는 마치 소경의 지팡이처럼 구원의 깃발이 끼어 있다.

신의 눈만 제외하고는 여기서는 모든 시선이 위로 향하고 있어, 수직으로 상승하고 있다. 같은 방향을 바라보는 마리아와 예수의 시선이 그러하고 마치 위를 올려다보듯 반쯤 감겨져있는 지상의 인간의 시선도 그러하다. 하늘과 땅의 두 눈 주위에는 하얗게 테두리가 둘러쳐져있다. 구름일까, 눈물일까?

14

시각이 지배하는 세상

시각의 특권적 지위

시각은 인간과 세계를 맺어주는 가장 신뢰할만한 매개로서 희랍 이래 서구 인식론에서 특권적 역할을 해왔다. 플라톤 이래 본다는 것은 철학의 역할을 잘 드러내주는 메타포였다. 대상과 적정한 거리를 유지하면서 대상을 명백하게 볼 수 있는 시각의 특성은 주체와 객체의 거리를 강조했던 서양 근대 철학의 핵심적인 특성과 잘 부합하기 때문이다.

플라톤의 제자였던 아리스토텔레스도 시각이 지적과정과 가장 닮았다는 이유로 시각을 제일 고귀한 감각이라 생각했다. 서구의 모든 역사와의 미론의 기본개념은 '보는 것'과 '아는 것'을 연결시키는 것이다. 시각이 인식론에서 특권적인 지위를 차지하는 것은 '진리가 곧 빛'이라는 서양 철학의 기본 관념과도 밀접한 관계가 있다.

헤겔은《미학(L'Esthétiqe)》(1828)에서 우리의 감각 중 오로지 시각과 청각만이 지적인 감각인데, 특히 인간의 영혼이 내비치는 눈에 정신과 사고의 내면이 압축되어 있다고 말함으로써 시각의 중요성을 강조했다. 후각, 촉각, 미각 등은 물질적 요소들하고만 관계를 맺으며, 이 감각들이 발견하는 대상은 예술적인 미가 아니라는 것이다. '눈은 영혼의 창문이다'라는 상투적인 표현은 바로 헤겔에서 유래한 것이다.

캘리포니아 어바인대학 역사학과 교수인 마틴 제이(Martin Jay)는 르네상스의 원근법과 데카르트 철학이 결합한 데카르트적 원근주의가 근대의 시각 체계를 지배했다고 주장한다. 원근법적 사고가 인간과 세계의 관계를 '거리두기'와 '대상화'로 고착시켰다는 것은 모든 학자들이지 적하는 바이다.

'너의 아버지는 너를 비밀리에 본다'

특히 프랑스 문화에서 시각의 우위성이 두드러진다. 데카르트의 망원경 예찬인《굴절광학》에서부터 보들레르의 사진 비판을 거쳐 메를로-퐁티(Maurice Merleau-Ponty, 1908-1961)의 세잔느 그림 이야기인《눈과 마음(L'Oeil et l'esprit)》,《가시적인 것과 비가시적인 것(Le Visible et l'invisible)》, 바르트(Roland Barthes, 1915-1980)의《밝은 방(La Chambre claire)》, 데리다의《그림 안의 진실(La Vérité en peinture)》,《맹인의 기억(Mémoires d'aveugle)》, 리오타르의《리비도 장치로서의 회화》, 들뢰즈(Gilles Deleuze, 1925-1995)의《프란시스 베이컨: 감각의 논리(Francis Bacon-Logique de la sensation)》, 푸코의《이것은 파이프가 아니다(Ceci n'est pas une pipe)》, 《마네의 미술(La Peinture de Manet)》에 이르기까지 프랑스의 철학자와 문학가들이 시각적인 것에 열광하는 것은 수백 년 전부터 이어 내려오는 오랜 전통이다.

반면, 쇼펜하우어(Arthur Schopenhauer, 1788-1860)와 니체에서 아도르노(Theodor Adorno, 1903-1969)에 이르기까지 독일 철학자들에게 미학적 모델을 제공한 것은 미술보다는 음악이다. 종교 개혁으로까지 거슬러 올라가는 해석학적 전통에서 독일철학은 신의 말씀에 우선권을 부여했고, 항상 시각보다는 언어의 청취를 중요시했다. 가다머(Hans-Georg Gadamer, 1900-2002) 위르겐 하버마스(Jürgen Habermas, 1929-) 같은 현대 사상가들에게 있어서도 이런 경향은 확연하다.

하이데거가 《예술작품의 기원(Der Ursprung der Kunstwerkes)》(1935-1936)에서 반 고흐의 〈농부의 구두(A Pair of Shoes)〉(1885)를 언급한 것과 후설이 지각과 이미지의 문제를 고찰하기 위해 《이념들(Ideen zu einer reinen Phänomenologie und phänomenologischen Philosophie)》(1913)에서 뒤러의 〈기사(騎士), 죽음 그리고 악마(Knight, Death and the Devil)〉(1513년)를 예로 든 것은 독일 철학의 전통에서 보면 조금 예외적인 것이라 할 수 있다.

헬레니즘과 함께 서구 문화의 양대 축을 형성하고 있는 헤브라이즘도 시각에 대한 독특한 강박관념을 보여준다. 마태복음에는 "너의 아버지는 너를 비밀리에 본다"(마태복음 6장 6절, '은밀한 중에 보시는 네 아버지께서 갚으시리라')라는 구절이 있고, 구약 성경에서도 야훼는 늘 보이지 않고, 불타는 떨기나무 뒤(출애굽기 3장 2-4절, '여호와의 사자가 떨기나무 불꽃

가운데서 그에게 나타나시니라. 그가 보니 떨기나무에 불이 붙었으나 사라지지 아니하는지라. 이에 가로되 내가 돌이켜 가서 이 큰 광경을 보리라. 떨기나무가 어찌하여 타지 아니하는고, 하는 동시에 여호와께서 그가 보려고 돌이켜 오는 것을 보신지라 하나님이 떨기나무 가운데서 그를 불러 가라사대 모세야 모세야 하시매 *그가 가로되 내가 여기 있나이다.*'), 혹은 상수리나무 수풀 속에 숨어있거나(창세기 18장 1절, '여호와께서 마므레 상수리 수풀 근처에서 아브라함에게 나타나시니라') 시나이 산의 불과 연기 뒤에 모습을 감춘다. 그러나 그는 늘 어디선가 우리를 보고 있다가 "아브라함아 그 아이에게 네 손을 대지 말라. 머리털 하나라도 상하지 말라"(창세기 22장 12절)고 외친다.

시선과 페미니즘

시선은 타자성이다. 타인의 시선 앞에서 얼어붙은 듯 꼼짝 못하게 된다는 것은 타인과 나 사이에 지배관계가 형성되어 있다는 것을 의미한 다. 시선은 권력의 관계이다. 타인이 우리에게 권력을 행사하고 우리를 수치스럽게 만드는 것은 모두 시선을 통해서이다.

페미니즘에서 시각을 비판하는 이유도 그것 때문이다. 우리의 지각 중에서 시각이라는 지각은 하나의 주체가 어떤 대상을 바라보는 행위이다. 그러므로 여기에는 바라보는 주체와 바라보이는 대상이 반드시 있어야 하고, 그 사이에는 얼마간의 거리가 있어야 한다. 그리고 바라보는 주체가 대상의 모든 것을 판단하고 평가하므로 주체는 대상에 대해 우세한 지위를 점하고 있다.

그런데 남성과 여성 사이에도 이런 관계가 형성된다. 종래의 여성에 대한 모든 관점은 주로 남성들이 만든 것이다. 즉 주체로서의 남성이 여성을 대상으로 보고 자신의 생각에 따라 여성의 모든 것을 재단하고 평가했다는 것이다. 남성적인 시선이 여성을 대상화하고, 주체와 객체와의 거리를 벌려 놓았다. 그러나 객체인 여성도 역시 자신의 견해와 생각을 갖고 있는 주체이다. 다만 남성적인 시각에 의해 대상으로 떨어졌을 뿐이다.

여권론자들이 응시(바라봄)를 남성적인 것이라고 주장하면서 모든 전통적인 과학과 철학을 비판하는 이유가 그것이다. 과학, 철학 등 서양의 모든 근대학문은 관찰을 중시하고 대상과의 비판적 거리를 필수적으로 요구하는데, 이것이 바로 시각의 성격이다. 근대 사회는 시각을 강조함으로써 인간 주체가 배제된 자연과학과 철학을 만들었다는 것이다.

우리의 지각 중에서 여권론자들이 새롭게 관심을 갖는 영역은 촉각이다. 촉각은 청각이나 시각 등 다른 지각과는 달리 유일하게 주체와 대상 사이의 거리가 없는, 주체와 대상이 밀착되어 있는 지각 형태이기 때문이다. 남성적인 시각 대신 여성적인 촉각을 강조하고, 주체와 객체의 분리가 아닌 합일에 기초한 새로운 과학과 철학의 필요성을 그들은 주장하고 있다. 미래의 시대는 여성의 시대가 될 것이라고 말하는 미래학자 들이 '터치'라는 말을 유난히 강조하는 것이 예사롭지 않다. 하이테크의 시대가 남성의 시대였다면 앞으로의 사회는 여성적 감각이 중시되는 하이터치의 시대가 될 것이라고 그들은 말하고 있다.

현대 철학에서의 시선

전지전능한 신에서부터 오늘날의 감시카메라에 이르기까지 나는 바라고 볼 수 없는데 누군가가 나를 바라보고 있다는 두려움은 인간의 원초적인 공포이다.

현대 철학에서 시선의 문제가 갈수록 중요한 문제로 떠오르는 것은 기술문명이 발전하고 인류가 진보하면 할수록 나를 몰래 바라보는 타인의 시선에 대한 공포가 더욱 커지기 때문이다.

사르트르는 철학서 《존재와 무》에서 시선의 문제를 54페이지에 걸쳐 고찰했으며, 희곡 《닫힌 방》에서는 "타인이 바로 지옥"이라는 유명한 대사를 남겼다. 현대 철학에서 시선의 문제라면 미셸 푸코를 능가할 사람이 없다. 이 책의 거의 대부분을 푸코의 논의에 할애한 것도 그가 시선의 영역에서 가진 우위성과 영향력 때문이다. 그의 저서 중에서도 《감시와 처벌》은 철두철미하게 시선과 권력의 문제를 다루고 있는 책이다. 의학의 고고학이라 할 수 있는 《임상의학의 탄생》은 시선에서부터 근대 의학이 탄생하는 과정이 시체 해부에서부터 시작되고 있음을 보여준다. 얼핏 보기에 시선의 문제가 아닌 듯한 《광기의 역사》에서도 광인을 바라보는 사람들의 시선에서 새로운 지배 방식이 시작되고 있음을 섬세하게 묘사하고 있다.

시선의 문제는 결국 사람과 사람 사이의 힘겨루기, 즉 권력게임의 문제이다. 그런 점에서 푸코의 권력 이론도, 사르트르의 타자 이론도 그 뿌리는 모두 헤겔의 《정신현상학》의 개념 속에 들어있다. 헤겔이 굳이 시선의 문제를 언급하지 않았는데도 우리가 그의 '주인과 노예의 변증법’ 또는 ‘인정투쟁’의 문제를 길게 살펴본 이유가 거기에 있다.

푸코와 같은 세대인 데리다는, 권력의 문제에서는 조금 비켜나, 눈이 ‘보는 눈’만이 아니라 ‘우는 눈’이기도 하다는 것에 주목했다. 《맹인의 기억》에서 온갖 눈의 문제를 다룬 문학과 미술을 언급하고 나서였다. 눈은 본질적으로 ‘보는 눈’이지만 그러나 ‘우는 눈’이기도 하다는 것이다. ‘보는 눈’이 감시하고 평가하는 냉혹한 눈이라면 ‘우는 눈’은 연민과 비탄의 따뜻한 눈이다. ‘보는 눈’이 저 높은 곳에서 거만하게 내려다보는 눈이라면 ‘우는 눈’은 저 아래 낮은 곳에서 한없이 자신을 낮추는 겸손한 눈이다.

그는 눈의 본질은 보는 것이 아니라 눈물이라고 말함으로써 ‘보는 눈’, ‘아는 눈’이 아니라 ‘우는 눈’이 우리의 냉혹한 인간관계를 치유해 줄 수 있는 해결책이라고 생각하는 듯하다.

눈은 또한 욕망하는 눈이기도 하다. 라캉의 말이다. 우리의 욕망은 타자의 욕망에 대한 욕망이다. 그런데 그 욕망의 가장 끝 부분에 눈이 있다. 눈에는 욕구가 있다. 가지고 싶은 대상 앞에서 타오르는 욕망으로 이글거리는 눈빛을 우리는 가끔 목도한다.

눈의 탐욕적인 욕구 기능에 대해서는 여러 나라에 널리 퍼져 있는 민간신앙에서도 그 예를 찾을 수 있다. 불과 백 년 전만 해도 프랑스를 비롯한 여러 문명화된 나라에 널리 퍼져 있던 이야기 중에, 눈이 동물의 젖을 마르게 하고, 병이나 불운을 가져다준다는 이야기가 있다. 이것은 눈이 욕망의 치명적 기능을 가졌다는 것을 의미한다.

가시성의 전도

가시성이 문제였다. 가시성은 권력을 생산한다. 보이지 않는 정체불명의 타인에게 바라보여진다는 두려움이 시선과 권력이론의 요체였다. 시선의 비대칭에서 권력이 발생한다고 푸코가 말했을 때, 그것은 많이 보는 사람이 지배자이고, 많이 보임을 당하는 사람이 종속된 사람이라는 뜻이었다.

그러나 현대 사회에서는 정치인이나 연예인의 예에서 볼 수 있듯이 무대 위 혹은 TV 화면에서 많은 사람의 시선을 받는 사람이 권력이고, 무대 밑 혹은 TV 앞에서 시선을 보내는 다수는 힘없는 보통사람들이다. 언론에 노출이 많이 되는 사람, 다수에게 바라보여지는 사람이 힘있는 사람이다.

그래서인지 현대인들은 자기 자신을 스스로 남에게 보여주려는 강한 욕망을 가지고 있다. 정보기술의 발달이 가져온 이상한 현상 중의 하나이다. 시선과 타자 그리고 권력의 문제를 연계시켰던 사르트르, 푸코 등의 이론을 무력화시키기에 충분한 현상이다. 가시성의 무게중심이 이동했다고나 할까.

그렇다고 해서 권력의 감시 욕구가 해체된 것도 아니다. 컴퓨터의 발달과 함께 권력은 더욱 교묘하게 감시의 그물망을 조이고 있다. 우리는 더없이 발랄한 자유를 누리는 듯하지만, 실은 전방위에서 하루 24시간 내내 감시당하며 살고 있다.

그 감시자는 누구인가, 감시하는 권력은 누구인가? 익명의 감시자는 국가권력이기도 하면서 동시에 우리 자신이며 우리 이웃이고 나 자신이기도하다. 현대사회에서 시선의 문제는 그리 간단하지 않다. 전자기기의 뒤엉킨 전선만큼이나 복잡하다.

헤겔의 인정투쟁에서 현대 사회의 메타버스에 이르기까지 시선의 문제를 한번 짚어 본 것은 국가 권력에 대한 개인의 권리 주장이기도 하고, 서로가 서로에게 냉혹한 시선이 되어버린 황폐한 인간관계에 대한 반성이기도 하다.

욕망하는 시선에 대해서는 다시 한 번 한 권의 책을 더 쓰고 싶다.

메타버스 시대에도
시선은 권력이다

초판 　1쇄 발행　2008년 1월 21일
개정판　1쇄 발행　2022년 5월 20일

지은이　박정자
펴낸이　안병훈
펴낸곳　도서출판 기파랑
등　록　2004. 12. 27 제300-2004-204호
주　소　서울시 종로구 대학로8가길 56 동숭빌딩 301호　우편번호 03086
전　화　02-763-8996(편집부) 02-3288-0077(영업마케팅부)
팩　스　02-763-8936
이메일　info@guiparang.com
홈페이지　www.guiparang.com